日本経済「ひとり負け！」

髙橋洋一
Yoichi Takahashi

KKベストセラーズ

日本経済「ひとり負け！」

装幀
多田和博
構成
栗原 昇
カバー写真
ⒸMASANORI YAMANASHI/SEBUN PHOTO/amanaimages

はじめに

政権交代ということで民主党にはおおいに期待をいだいていたのですが、いまとなっては甘かったみたいですね。

なぜなら、民主党は〝脱官僚依存〟と言いながら、「脱・官僚依存」ではなく「脱官僚・依存（元官僚にベッタリ依存）」の状態。公務員改革にこれほど不熱心であるとは、ちょっとというかホントに予想外。民主党自体、公務員労組が支持母体なので、公務員の不利益になってしまう公務員改革について、あまり改革意欲がないのでしょうね。

このため公務員改革法は、昨年の国会には提出されないで、いったいいつになったら出てくるのやら。今年の通常国会には、たぶん出るのでしょうが、その中身もどうなることやら。天下り根絶と言いながら、郵政人事ははっきり言えば見事な天下りだったし……。

「脱・官僚依存」のためには、政府内に国会議員を大量に送り込まなきゃダメ。そのために、いの一番に国会法などの改正が必要なんだけれど、これらも昨年の国会には提出されなかった。さすがに今年の通常国会には出るんでしょうが、前に民主党は政府に議員を100人以上入れると言っていたけれど、結局そこまでは入らないなど、民主党の「脱・官僚依存」の熱意がバレバレになりそうですね。

そういえば、昨年12月30日、予算編成が終わってから、民主党はやっと「新成長戦略」(GDP成長率、名目で年平均3%、実質2%)を出しましたね。遅すぎるし、「新」がつくわりに新味はなし。

それもそのはずで、ドラフトを書いたのは官僚だとバレバレ。しかも、その内容は自公政権時代のものとそっくり。自公政権時代も、成長戦略は何回も作られてきたけれど、官僚の文章遊びだから、まともに実行されていない。

民主党政権になっても、相変わらず官僚が書いているわけで、これでは民主党の〝脱官僚〟の看板が泣きますよね。

本当は、成長戦略とは経済学では解がわからないと言われるほどの超難問。解ければノーベル賞どころか神様になれます！

そのわけは、経済学は有限な資源からいかに富を生産して配分するかという学問だけれど、実は貧困撲滅が究極の課題（経済学の先生はみんなそう言うはず）。だから、もし確実に経済成長する方法がわかると、貧困はなくなり、経済学もなくなり、経済学の先生も失業してしまう（笑）。

今のところ、そんなことになっていなくて、日本の中にもプアな人がいるし、世界中ではプアな人がまだまだ多い。人類のだれもがなしえない夢というわけ。

まあ、だからこそ政治家の出番があって、彼らは思い切り夢を語れるということ。そういえば、鳩山由紀夫総理が国連で大見得を切ったCO_2削減の目標期限は２０２０年だったけれど、今回の成長戦略も２０２０年だから、だれも予想できない話だよね。

でも、これまでの世界各国の歴史から、成長戦略と称して、国がある特定産業をターゲットにすると、結果的にダメになるというネガティブな話は残念ながらわかっている。悲しいけれど、一生懸命やっても結果がついてこない。

日本の戦後成長でも、通産省（現経産省）がターゲットにした産業は、石油産業、航空機、宇宙産業などみんな失敗。逆に、通産省の産業政策に従わなかった自動車産業などは、皮肉にも世界との競争の荒波にもまれながら、日本のリーディング産業に成長した。

要するに、政府に産業の将来を見極める眼力があればいいのだけれど、そんな千里眼みたいなことを期待するほうがムリ。

長期的に強い産業というのは、国が選別して指導するんものじゃなくて、恵まれたマクロ経済環境のもとで自然発生的に生まれてきたということ。こう言うと、身も蓋もないけれど、民主党は、お役人の全知全能を信じていて、気の毒なほどナイーブ（本来の英語のニュアンスは、〝おバカさん〟）ともいえるかもしれない。


官僚におんぶにだっこの成長戦略では、民主党だけでなく、作成責任者の菅副総理のイメージダウンになっちゃいます。官僚の作文でがっかり。おまけに、菅副総理が強調していた「第三の道」はあまりにセンスがなさ過ぎる。

「第三の道」とは、イギリス労働党・ブレア政権のニューレイバー路線（自由主義と福祉政策の両立）のこと。新自由主義でもなく、旧来の社民主義でもない、「第三の道」というわけ。と思っていたら、菅副総理の言う「第三の道」は違っていた。

「第一の道」は公共事業・財政頼みの経済成長。「第二の道」が2000年代の「構造改革」の名のもとに進められた、行き過ぎた市場原理主義。で、「第三の道」は、産業政策による成長戦略というの。それは、たんに官僚主導なのに、「第三の道」なんて言っちゃって本当に困りますよね。これで菅副総理が経済オンチといわれるのは間違いないくらいの大ヒット、いや見事な三振空振り。

はっきり言えば、需要と供給の違い、短期の景気対策と長期の成長戦略の違いがわかっていない。これをネタにして、大学入試の試験問題がつくれるね（笑）。試験問題として、次はいかがでしょうか。

次の1～4の記述で正しいものを選べ

1．長期の成長戦略は需要で決まる
2．長期の成長戦略は供給で決まる
3．短期の景気対策は供給で決まる
4．短期の景気対策は雇用を改善しない

答えがもしわからなければ、本書をよく読んでくださいね。きっと、どこかにヒントがありますから。

で、いまの段階で国にできることは、35~40兆円といわれるGDPギャップを早く解消してデフレ・失業をなくし、正常な成長経路に復帰すること。そうなれば、良好な投資環境となって、自ずと成長産業が出てくる。つまり、GDPギャップの解消なくして成長はなし。

それにしても、10年先の成長戦略もいいけれど、「今日、明日の不安をどうかしてください」と言いたいね。2008年9月のリーマン・ショックや金融危機で、先進国は大きな成長の落ち込みがあった。当時は100年に一度の危機といわれたけれど、各国とも賢明な経済対策（財政政策と金融政策）によって、その危機に対処した。

つまり、日本を除く先進国は、成長の落ち込みによるGDPギャップを、財政政策と金融政策で埋めたわけ。ところが、日本だけは埋まっていないので、二番底なんていう不安が出てくるんだよ。私が計算したところ、結果は次ページの表の通り。

金融危機のGDPギャップとその埋め方(単位:兆円)

	ギャップ	財政	金融政策
米	140	70	100
英	30	5	30
独	30	10	15
日	35〜40	10	0

たとえば、日本のように、GDPギャップがマイナスで35〜40兆円程度もあると、失業率は2〜3%程度、失業者は130〜200万人程度も増えてしまうわけだね。

特に、労働者を正規雇用と非正規雇用に分けると、非正規雇用のほうが大きな打撃を受けたり、新規雇用で採用ストップになるなど、労働者の間の格差が大きくなって、まずい事態になる。アルバイトの採用停止や就業時間制限、高校・大学新卒者の就職内定率の低下などという形で、一部の地域ではすでに現れてしまっているし……。

雇用問題、格差問題を重視しているはずの民主党が景気対策に力を入れていないのは不思議な話だね。

日本以外の先進国では、金融危機によるGDPギャップは、財政・金融政策でほとんど埋まっている。あとはその効果がでるまで待てばいいわけ。もっとも、それでも正常に復帰できるまでには、あと1年以上かかりそうだけれど。

で、日本はというと、金融政策がほとんど無策（いったい、なにをやっているの！）。1章の67ページに、各国中央銀行のバランスシートの大きさの図がある。これを見ると、アメリカ（FRB）やヨーロッパ（ECB）では、100兆円規模の量的緩和政策が実施されたのに対して、日本（BOJ）は、量的緩和政策をするどころか、それに逆行したことがわかる。というわけで、日本ではまだGDPギャップが埋まっていない。

ということは、少なくとも2〜3年以上、デフレや高い失業率に悩まされるわけ。だから、「日本では二番底になるのではないか」という心配が出てくるのも無理はないね。だって、政府・日銀がまともな政策をしていないんだから……。

ふつうの国の金融政策とは、物価上昇率を1〜3％にするもの。これは言い換えれば、当たり前にGDPギャップを埋めているともいえる。GDPギャップがあるうちは、デフレになるから。

ギャップを埋めれば失業率も高くならないので、マクロ経済運営は合格点。でも、日銀は2000年以降、物価上昇率を-1~0%に「見事に」やってきた。この実績を見る限り、日銀は、ひどいデフレにならないように、かつ、デフレ脱却をしないように、「デフレ・ターゲット」をしてきただけ。

皮肉っぽく言えば、日銀は物価の安定を見事に達成したけれど、その水準がマイナスだったのがよくない。というか、これは大量失業者を出してきたのだから、間違いなく悪い。

日銀は、昨年11月まで、デフレでも問題ないなどと、のらりくらり言い逃れをしてきたけれど、政府がデフレ宣言をすると、急に手のひらを返したように「デフレを容認しない」と言い出した。でも、10年も「デフレ・ターゲット」をしてきた実績を見れば、陰ではお笑いだと言われているわけ。

先に「新成長戦略」を痛烈に批判したけれど、実はいいことも書いてある。「新成長戦略」の最後に、いつものお決まりである「デフレの克服を目指し、政府は、日本銀行と一体となって、できる限り早期のプラスの物価上昇率実現に向けて取り組む」と書かれている。

そこでホントの成長をしたいのなら、日銀に対して4年間の成果目標という宿題を与えたらいい。サボったら日銀総裁はクビ！　と言えば、宿題をサボれなくなる。それがデフレ脱却への国民への約束となるはず。

ほかにも民主党政権で今後、財政や税制がどうなるのかなど、心配なところもある。新年早々、藤井裕久財務相の後任に菅直人副総理が就いた。これはかなり異例の交代だね。藤井前財務相が小沢一郎幹事長との確執で「キレた」という見方もある。

藤井前財務相は、大蔵官僚ＯＢで官僚に理解があったけれど、菅副総理・財務相は市民運動家出身で、脱官僚の急先鋒。だから、面白いことになる可能性もある。菅副総理が財務省を政治主導で動かせれば、民主党の言ってきた「脱官僚依存」も本物になるかもしれない。

実は、藤井前財務相がつくった2010年度予算は、政治主導によるシーリング（予算要求の上限）がなかった。だから、民主党が公約していた一般会計と特別会計を合わせた統合予算での予算組み替えもされず、かなり膨張した予算になってしまった。シーリングからはみ出た分は、「事業仕分けによる公開処刑」で国民は喝采だったけれど、予算組み替えができなかったので、正直言って出来の悪い予算としか思えない。

菅副総理・財務相が、ホントの政治主導で2011年度予算・税制を取り進めていくのはかなり難しいだろうね。いくら菅副総理・財務相の能力が高くても、財務省は政権全体にまで情報網があって、コントロールできるのだから。

菅副総理・財務相は、いまのところ（あくまでこれを書いた1月中旬までの話。本書が出版されるときには、もう菅副総理は財務省に染まってしまい、〝ああ残念でした〟となるかもしれない！）、増税よりもデフレ克服や特別会計を含めた予算組み替えを語っており、まだ本格的には財務省に「洗脳」されていない模様。

でも、デフレ脱却の話がなくなり、埋蔵金の発掘はもう限界であるとか、増税の話が出てくるようだと、危ないよね。

たとえば、「ストックの国債残高が800兆円、GDPの160％で世界でダントツに悪い」などと言い出したら、要注意信号。

本当は、国債残高800兆円のうち、半分くらいは天下り先の特殊法人らの借金の肩代わりぶんなわけ。だから、民主党の言うようにそれらを全廃すれば、チャラにできる。要するに、国民が税金で負担する必要のない借金ということ。

それに、デフレから脱却できれば、税収は増収となって増税でなくても財政再建は十分に可能になる。だから、財政再建を言う前に、デフレ脱却が必要ということ。

そのほかにも、難問続出。鳩山政権には、民主党と国民新党・社民党との三党連立なので、是非とも達成しなければいけない個別政策がある。

国民新党との関係では郵政民営化の見直し。すでに昨年の臨時国会で、郵政株式売却の凍結法が成立した。今年の通常国会では、いよいよ郵政民営化の見直し法案が出てくるだろうね。今年7月の参議院選挙を考えた場合、特定郵便局長などの郵政票は民主党として喉から手が出るほどほしいから。見直し法案は6月までに成立させたいはず。ただし、民営化から遠のくほど国民負担が大きくなることには気がついてほしい。

また、社民党との関係では普天間基地問題の解決。これは5月までという期限が切られているけど、参議院選挙のためには、自民党でもできなかったこととして、九州など沖縄県外への移転も含めた大胆な案が出る可能性もある。

基地移転を大規模公共事業による地域振興と見れば、札束で解決すると言われても、沖縄もアメリカも納得できる県外移転は可能でしょう。ただし国民負担は大きい。逆に、5月まで引き延ばして解決できなければ、参議院選挙で民主党の致命傷になっちゃうから、なりふり構わずやる、という私の予想はどうなるだろうか。

さらにJAL問題では、市場関係者（株主）は民主党の経済運営のヘタさをいやというほどに味わった。昨年9月16日の鳩山政権発足時に167円だったJALの株価は、上場廃止で紙くず同然。これは前原国交相が悪い。就任直後に法的整理をやらないと口を滑らせたのだから。その発言で株価は100円以上をキープしていたけれど、最後にきて法的整理なんて、だまし討ちみたいなもの。

これは、企業再建のイロハだけれど、当初から法的整理を除くという方針はありえない話だった。最終的に法的整理になるとしても、初めの段階で再建手段を限定したのは完璧に前原国交相のミス。

さらに法的権限のない私的タスクフォースを使ったりと、再建はダッチロール状態だった。昨年11月、前原国交相はJALの債務超過を知っていたはずだから、そのときの有価証券報告書がデタラメだと指摘しなかったのはまずかった。余計なことを言って、肝心なことを言わなかったわけだから。オープンスカイ（航空の自由化）みたいに、いいこともやったけど、ＪＡＬ問題では残念だったね。

もっとも、市場関係者もこれまでのお上主導の呪縛にとりつかれていた。ＪＡＬの場合、公的資金の導入の説明で一層の透明性が求められること、年金債務カットが不可欠でその場合訴訟があり得ることを考えると、法的整理を解決手段から除外することのほうが非常識。そうした企業再建の初歩も考えていなかった市場関係者が、ここにきての株価の暴落を政府の責任だとも非難できないでしょう。

このように、政府も企業もどっちもヘンなことになっている時代。本当は、政府はなにをすべきなのか、企業はなにをすべきなのか、そして個人はなにをすべきなのか——。本書を読んで、よ〜く考えてみてくださいね。

２０１２年１月

髙橋洋一（政策工房会長）

日本経済「ひとり負け！」●目次

第2章 脱官僚依存と民主党政権の欺瞞

第3章　格差問題の本質とセーフティネットの理想

第4章 民主党政権で遠のく、民間主導経済

第5章　閉ざされる、地方分権への道

第1章

日本経済「ひとり負け！」の理由

デフレの定義にまつわる謎

昨年、菅直人副総理・財務大臣が「デフレ宣言」をして以来、やっと「日本経済はデフレである」という認識になってきた。

といっても、「そもそもデフレとはなんなのか?」、「デフレはよいことなのか悪いことなのかよくわからない……」。そう思う人もいるようですが、それもそのはず、実は、偉そうな金融・経済の専門家の間でも「デフレとはいったいなんぞや」をテーマに、まるで神学論争のような議論が侃々諤々《かんかんがくがく》と繰り返されているのですから。

本当は、デフレの定義はとは、すごく単純な話。それは、デフレといったら、世界（欧米）での定義は「2年続けて物価上昇率がマイナス」のこと。定義は、たったこれだけ。

「2年連続」というのは、1年くらいでは、データを見て議論している間に変わってしまうから、結局ワケがわからなくなってしまう。この世界の単純な定義について、ケチをつけようとすると、今度は「物価ってそもそもなに?」という話が出てくる。

でも、これも実はすごく単純な話。毎月、総務省が発表する「消費者物価指数」を見るだけ。ただし、これはあくまで指数だから、物価そのものではない。たとえば、ペットボトルのジュース。ある時点を１００円として、いまは１２０円だったら物価指数は１・２になる。基準点はだいたい5年に一度くらいずつで更新されている。こうして、レコーダーからパソコン、ビール、電車賃、学費、書籍まで世の中にある標準的・中心的なモノすべて（1万品目以上）を抽出して、その価格の動き（指数）を出していく。

この指数の出し方はかなり面倒で、10円のモノも１００万円のモノもすべて平均してしまうと、おかしくなるから、家計における標準的な年間購買量のウエイト、つまり年収のうちパソコンに使うのは平均何％かなどを調査し、割り振って（加重平均して）決める。だから、頻繁に買う食費や衣料品などのウエイトが高くなる。こういう膨大な量の調査を政府は毎月やっている。

このような消費者物価調査は、どこの国でも行われていて、これが2年続けてマイナスになっていれば、単純にデフレとなる。どこの国だってそう。だから、日本は世界のエコノミストに言わせれば、単純にデフレ状態ということ。

さらに、いまは「十一年連続でデフレ状態にある」と言う学者もいる。この場合は、GDPデフレーターという消費者物価指数とは別の指標を使っているから十一年連続になる。

物価を見るには、消費者物価指数がいちばん単純なのだけれど、物価をなにで見るかについては、細かい議論があるのも事実。

で、このGDPデフレーターとは、ザックリ言うと、内閣府が四半期ごとに出す統計のこと。消費者物価との違いは、消費者が買わないもの、たとえば産業用機械や卸業者の取引みたいな企業間取引まで含めた物価指数。

要するに、消費者物価は、消費者が買うもの、GDPデフレーターはあらゆる取引の物価ということ。そこで、いつもどちらを見るかという議論が出るのだけれど、GDPデフレーターは3カ月に一度しか発表されないし、おまけに発表も1、2カ月遅れるので、政策にはあまり役立たないし、動きもさほど消費者物価と変わらない。だから、消費者物価でいいというのが一般認識になっている。ハッキリ言って、どっちでもいいわけ。

デフレを認めたくない人々

このように、デフレかどうかを判断するのは、実にシンプル。それなのに、日本ではいつまでも議論をしている。

なぜそんな議論がなされるかというと、デフレの定義について、ジャパニーズ・オリジナルみたいなものがあるから。一部の経済学者は、よくデフレを不況と取り違えたりして、景気がいいのか悪いのかについての解釈を延々とこね回す。世界では本当にシンプルに２年なのに……。この議論、正直世界では絶対に通用しません。

実は、なぜ、こんなおバカな議論が行われているかというと、「いま日本はデフレである」と言われてしまうと困る人がいるから。

そういう人たちが意図的にデフレの定義を歪めようとする。だから、「ああでもない、こうでもない」と神学論争になってしまう。では、デフレの定義を歪めようとするのは、いったいだれなのか？

それは日銀と〝日銀御用学者〟。日銀の審議委員になりたい経済学者は、日銀の政策批判は絶対にしないで援護する。だから、日銀御用学者と言われている。歪める手口がこれまた面白い。「デフレではない」とハッキリ言うと間違いになるから、「デフレ傾向にはない」などと言葉を変える。けっこう姑息《こそく》なんだよね。

日銀や日銀御用学者が言う「デフレ」とは、世界の経済学者やエコノミストの認識とは、ちょっと違っている。と言っても、これを説明するのは、実はすごく大変。なぜなら、定義にならないから。それで「定義はあるのか」と日銀に問うとしたら、きっと「ある」と言うのだろうけど、だれにも理解できない。「不況がデフレである」とかいろいろなことを言い出すから。

こうしてデフレ議論に収拾がつかないからと、小泉政権時代のことだけれど、政府で間を取って定義がつくられた。当時、私は内閣府にいたのですが、「次の4つの条件を満たしたらデフレ」と決めたわけ。

1　消費者物価指数が持続的にマイナス

2　GDPデフレーターが持続的にマイナス

3　賃金（ユニットレイバーコスト）が持続的にマイナス

4　需給（GDP）ギャップがそれなりに生じている

不況の原因は需給ギャップ

この中で、ちょっと説明が難しくなるけれど、デフレかどうかだけじゃなくて、国の財政・金融政策にとってもキーポイントになるのが、４の需給ギャップ。

これはどういうことかというと、いま日本のGDPは５００兆円ちょっとの規模だけれど、GDPというのは世の中の給料をすべてかき集めたような概念。でも、失業中の人もいる。かりに世の中の失業者がゼロ（完全雇用状態）になったら、ではGDPはいくらになるのか。

そのGDPの差額が需給ギャップになる。いま日本の失業率は、だいたい５・５％程度だから、完全雇用ではない。そこで完全雇用だったら、失業率はどうなるかを最初に推計する。この計算方法は、非常に複雑なのだけれど、幸いなことに日本政府（内閣府）もOECDも出してくれているから、それを参照にすればいい。

この完全雇用のときの失業率は、マクロ経済学の言葉では「インフレを加速させない失業率」という言い方になる。つまり、失業率は低くなりすぎると、インフレが加速する。社会を挙げて人手が足りないとなると、給料も上がるし、転職も簡単にできる。だから、みんながモノをよく買うようになって、インフレになる。

この「インフレを加速させない失業率」は完全雇用時の失業率だけれど、完全雇用といっても、失業者は完全にゼロになることは物理的にムリ。どんなに景気がよくても、少なからず自発的に会社を辞めて職探しをする人などはいるはずだから。

それで自然失業率とも呼ばれるのだけれど、これがいまの日本だったら、諸説あるけれど、だいたい3~3・5%程度。

すると、失業率は5・5%程度だから、2%くらい余計に失業者が発生していることになる。この2%の人がキチンと働けたら、つまり完全雇用になったら、「GDPはどのくらいになるのか」を計算する。それが「潜在成長力＝潜在GDP」と呼ばれるもの。

この潜在GDPをいま現在のGDPと比較すると、7%分くらい現在のGDPよりも下回っている。金額では35兆円くらい。下回っているから、「需給（GDP）ギャップがある」となるわけ。

それで、需給ギャップが35兆円となる（内閣府の推計値・09年7～9月期・12月15日公表）。だいたいどのくらいギャップがあると、どのくらい失業率があるかも計算できる。

これはマクロ経済学の非常に重要な原則で、「オーカンの法則（Okun's law）」と呼ばれるもの。法則と呼ばれるだけに、だれもが認めることだけれど、要するに失業率と需給ギャップの間には安定的な相関（失業率が上がればそれに応じて需給ギャップも大きくなる）があるということ。

この法則があるから、世界中の専門家がみんな口を揃えて「需給ギャップを縮めましょう」と言うわけ。つまり、需給ギャップが埋まればデフレではなくなり、経済は成長路線に乗れるということ。


いま日本は、先進国の中で需給ギャップが一番大きい。大きいというのはGDP比率だけれど、それが約7％もあって、先進国の中で最悪の状態。だから、先進国の中で一番の成長率「負け組」であって、株価も上がらないのは当然のことなんだよね。

こう言うと、「アメリカの失業率よりも日本の失業率のほうがずっと低いじゃないか」と反論する人もいる。でも、そもそも日本のほうが自然失業率（インフレを加速させない失業率）はずっと低いし、失業者が出ても失業率として比較的数字に出にくい事情がある。

なぜ、日本では実際の失業者がカウントされにくいのかも面白い。日本の企業は利益が減っても、ボーナスや給料を下げてなかなか社員を解雇しない。ふつう不況になると需給ギャップが増えて失業者も増えるけれど、それを失業者じゃなくて給料で調節している。それが他の国の企業と異なる、日本企業の特徴なんだね。

景気が悪くなると、すぐボーナスが減るし、景気がよくなっても、すぐには人を雇わないでしょ。これはもう日本企業の慣行になっている。

要するに、日本は失業率がなかなか高まらないけれど、需給ギャップは世界最悪で大きい。だから、景気が悪い。つまり、株価も上がらないというわけ。

14兆円の景気対策は、大きいのか？

ふつうOECDやIMFは、その国の不況の度合いを説明するときに、必ずこの需給ギャップで説明する。

だから、私もマスコミから「日本がデフレになっている原因は何か？」と聞かれると、必ず「原因はひとえに需給ギャップ。これを埋める分だけの財政、および金融政策が必要です」と答えている。需給ギャップができた原因は、リーマン・ショックという嵐が世界を襲って、日本も外国もみんな需給ギャップができたから。

また、「なぜ日本だけ景気がこんなに悪いんですか？」と聞かれても、やはり「日本はきちんとした政策でギャップを埋めなかったから、需給ギャップの比率が世界で一番悪いから」。要するに、景気が悪い理由も、良くするための政策も、実は需給ギャップという、すごく単純な話というわけ。

ところが、政府内には、このマクロ経済がわかる人間がいない。元財務官僚の政治家でもわからない。だから、補正予算で景気政策をやっても、相場観がないから、有効な対策になる財政出動の規模（金額）がわからない。

多くの人は誤解しているようだけれど、麻生政権のときに定額給付金を含めて14兆円の景気対策が行われたけれど、この金額は大きいのか、小さいのか？

多くの人はこの金額を大きいと答えるだろうね。では、その根拠とはなにか？

要するに、比較対象がない。根拠がないのにみんな漠然と大きいと思っているわけ。鳩山政権が昨年の12月にやった景気対策は、7兆円規模だったけれど、真水（国庫から実際に出す金額で、経済成長に寄与するぶん）は4兆円程度。

この4兆円と比べれば、麻生政権の14兆円は、確かに大きい。でも、景気対策は需給ギャップを埋めるためにするものだから、いまのギャップである35兆円と比べれば、ずっと小さい、足りないということになる。


私があちこちで言っているのは、この単純な話。補正予算で財政出動が出たときは、この需給ギャップとの対比で見ないと、なにもわからないということ。

景気対策とは、この財政出動と金融政策の二つを合わせて、いまあるギャップを埋めること。それが景気対策の意義。

だから、ちゃんと金融政策と財政政策でギャップを埋めるぶんだけを出したら、ふつうの景気対策。逆に埋まらなかったら、不十分で中途半端な経済対策となる。漠然と額が大きいか、小さいかといった印象論ではないわけ。

ちなみに、昨年12月に「日銀は10兆円分の金融政策をした」というニュースが出た。でも、これは事実上、ほぼゼロ。10月に中小企業支援（CPの買取り）を打ち切っているので、その分を戻したというだけの意味。戻しても3カ月しか続けないから、内容的には効果は期待できないということ。

そう考えると、昨年12月の金融・財政政策は、金融政策ゼロ＋財政政策4兆円。たったのこれだけ。需給ギャップの約8分の1だけだから、失業率はちょっとしか上がらず、デフレ脱却はとうていムリというわけ。

一方、オバマ政権の景気対策は、GDPの10％くらいの需給ギャップがあったのだけれど、7％分くらいを金融政策で、5％分くらいを財政政策でしっかり埋めていた。むしろ2％オーバーしている。だから、リーマン・ショックであんなに落ち込んだのに、アメリカの景気はぐんぐん持ち直して、日本よりずっといい。需給ギャップを多少オーバーするくらいが安全なんだよね。

オーバー分が効いてきて、インフレになりそうになったら、対策をひっこめればいいいだけ。でも、どうして日本はチマチマと「逐次投入」するのかね。

名目ＧＤＰに注目せよ！

それで、昨年11月に、ＯＥＣＤのグリア事務総長が管副総理にわざわざ会いに来て、「日本は需給ギャップが先進国の中で一番大きくてデフレである。なんとかしないとまずいんじゃないのですか」というような説明をしたら、管さんは慌ててデフレ宣言をした。

内閣府のデフレの定義でも、いまは４つの条件を満たしているから、確かにデフレなのだけれど、恥ずかしいことに、それを海外からわざわざ指摘されてしまった。

このデフレに対して、不況というのは経済の成長率がマイナスになること。ＯＥＣＤなどでは、「２期連続で成長率がマイナス」だったら、不況（ディプレッション）と定義している。すると、デフレと不況は違うもの。一致するとは限らない。だけど、みんな「不況＝デフレ」と思ってしまう。それで、日銀や日銀学者があれこれと言うことに、政治家もみんな騙されてしまう。

もちろんデフレと不況はオーバーラップすることもある。でも、いまは（09年7～9月期のGDP実質成長率は1・2％の）プラス。だから、不況ではないわけ。ただし、物価上昇率は2年続けてマイナスだから、「不況ではないけれどデフレ」となる。

では、デフレと不況、どっちが重要なのか？

いまは「実質GDPはちょっと伸びているけれど、消費者物価は2年連続でマイナスのデフレ状態」。これはどういうことかというと、「名目GDPはマイナス」という意味になるわけ。

ここでポイントは、名目と実質の違い。わかりやすく説明すると、みんながもらっている給料は名目と考えるといい。すると、給料は下がっているから、名目ではマイナス（デフレ）。でも、実質だとモノの値段も下がっているからプラスとなることもある。

みんな実質GDPが伸びていると言われても、給料（名目GDP）が減っていたら、経済成長しているなんて思えないはず。要するに、目に見えるのが名目GDPで、実質GDPは目に見えない。だから、人間には名目が重要なわけ。

具体的には、まず世の中の給料をすべて合算して名目GDPを出し、次に物価指数を割り引いて実質GDPを出す。だから、実質GDPは目には見えない。

それで、「デフレでも経済成長は可能」という言い方もできてしまう。経済統計や指数の読み方（名目と実質の違い）がわからないと、世の中が不況なのかそうでないのか理解ができなくなるのは当然なんだね。

でも、GDPなんていう統計は見なくても、自分の給料の推移はわかる。減っていたら、デフレであって不況。そう認識すればいいわけ。ここ10年くらい、名目の給料は増えていない。だから、ここ10年くらいは、ずっとデフレであり、不況ということ。

日銀御用学者だったら、ちょっとのデフレを「耐え難いほどのデフレではないかどうかには議論の余地がある」などと表現する。これは裏読みすると、「給料は増えなくてもいい」と言っているようなもの。

でも、もちろん「給料（名目）は増えないと困る」という学者もいる。その認識の差もあって、ますますデフレ論議は、神学論争のようなすれ違いになるんだよね。

デフレが社会的格差を生む

いまＯＥＣＤ先進国30カ国の中で、09年に物価がマイナスの国は８カ国だけど、２年連続は日本とアイルランドだけ。
「他の先進国もデフレ傾向」などと、「傾向」をつけて、ごまかして語る専門家もいるけれど、ＯＥＣＤのレポートを見ても、「デフレは日本だけ」とちゃんと書いてある。では、このままデフレが進むと、いったいどうなるのか？

給料が減る一方で、我々の暮らしがたいへんなことになるのは必至。「それでもモノが安く買えるからいいではないか」という意見も確かにけっこうある。と言っても、ふつう給料が減り続けたら困るはず。

なかでも、特に悲惨なのは非正規社員。デフレになると、非正規社員は圧倒的に不利。なぜなら、まず非正規社員の給料や職が削られるから。

逆に景気がよくなると、正規社員も非正規社員も、ボーナスや給料が上がる。すると、格差は少なくなる。デフレだと、非正規社員は雇用そのものの危機に直面するから、格差が広がるわけ。非正規の人というのは、そもそも雇用の調整弁という位置づけだから、需給ギャップが大きくなると、まず切られてしまう。

だから、デフレの大きな問題点は「格差が広がる」こと。でも、日銀の人はエスタブリッシュメント（支配階級のエリート）だから、非正規社員のことなんて蚊帳《かや》の外。それで、「ちょっとのデフレは容認範囲」みたいな意見が言えるんだよね。

この「デフレ問題」を重視する専門家は、格差問題も重視する。つまり、格差問題とデフレ問題は、ここの部分では同じこととも言える。

デフレの大きな問題点は、ほかにもある。デフレになると、物価が下がるけれど、給料も下がっているから、モノがなかなか売れなくなる。それで企業の売り上げも下がる。

さらに、デフレが進むと金利も下がり、ゼロ金利に近づく。ゼロ金利になると、もっと下げてマイナス金利にはできないから、金利は割高に感じられるようになる。

金利は、物価上昇率が高いときには、収入も増えるから、金利が高くても負担は軽く感じる。逆に、デフレだと収入が減るから、金利が安くても高く感じる。

経済学では、物価上昇率と金利負担には関係性があって、「名目金利マイナス物価上昇率」を実質金利と呼ぶ。たとえば、表面上の金利（名目金利）が10％だったら、ずいぶん高いなという印象を持つはず。でも、インフレ率が10％だったら、差し引きで実質金利はゼロになる。高いどころかチャラなわけ。

一方、いまはほぼゼロ金利だけど、収入が２％ずつ減ったら、実質金利はプラス２％だからキツイな、と思うでしょ。だから、ゼロ金利になると、実質金利は必ずけっこう高くなってしまう。

デフレだと、マイナス金利はないから、実質金利は、実はインフレのときよりもけっこう高い。すると、企業は設備投資のためにお金を借りるけれど、実質金利が高いから設備投資をするのがすごくたいへんになってしまう。こうなると、経済成長の余地は限りなく減ってくる。

逆に、インフレだったら、金利が高くても実質金利は安くできるから、いくらでも設備投資ができてラクなはず。金利はマイナスがなくて、上はいくらでも調整できるから。

経営者は設備投資ができない、労働者は格差が拡大する――。これがデフレの大きな問題点となるわけだね。

格差解消は可能なのか?

専門家の中には、「デフレになってもやがて縮小均衡するからよい」と言う人もいる。「経済の規模が小さくなるけれども回る」、そう割り切ればよいという意見。

これは、つまり「モノはあまり売れなくなったけど、給料も下げちゃえば、だれも困らないでしょ」という考え方。でも、障壁になるのが、賃金と金利。まず金利については、ゼロ以下には下げられないから実質金利は高くなってしまう。

そして正規社員の賃金も、実は簡単には下げられない。賃金を下げるのは、一見簡単そうに思える。でも、マクロ経済のデータからわかることだけれど、どこの国でも正規社員の給料には下方硬直性がある。つまり、下げようと思っても、そんなには下げられないようになっているわけ。だから、正規社員の給料をドラスティックに下げる、というのは経営者の無い物ねだり。そもそも正規社員の給料は、契約で決まっている。

そこで給料を下げるために、「全員が非正規になればいいじゃないか」という考え方も出てくる。でも、強制的に「非正規社員にしろ」と言ったところで、労働慣行が正社員中心になっているから、そうはならない。

また、「正社員の首切りをしやすくして雇用を流動化せよ」という意見もあるようだけれど、ただ、簡単にできるならいいけれど、現実問題としていくら言ってもムリな話。人間の性《さが》として、どうしても将来への保証を求めてしまうので仕方がない。要するに、労働市場に雇用や賃金の市場メカニズムは、なかなか完全には機能しないということ。

非正規社員の人から見ると、正社員だけ保証があって不公平だ、ずるいと思うだろうね。確かに、ずるいけれど、労働市場では人は機械としては扱えないので、どうしても一定レベルの正社員（不公平）が出てきてしまう。だから、給料の下方硬直性は、どんなに頑張っても残ってしまう。

そこで現実には、労働者の給料をどんどん下げて機械のように扱うよりも、デフレにならないように努力したほうが簡単ということになる。

もし、適度なインフレだったら、非正規も含めてみんなに十分なお金を配分できる。時給制の契約社員にも、ボーナスを出せば文句は出ないはず。だから、金利のケースと同じで、インフレ（上のとき）だったら簡単に解決する。高度成長期の日本は、比較的インフレで、賃金もボーナスなどで柔軟に対応できた。だから、ちょっとデフレになっても、ボーナスを減らしても雇用は守れた。

でも、もう減らすボーナスもなくなり、いろいろ雇用まで手を付けざるを得なくなって、失業が増えている。まずいよね、この展開は。

労働問題もインフレ時の対処は簡単だけれど、デフレ時の対処は難しい……。だから、結局縮小均衡もできない。デフレスパイラルというように、限りなく落ちていく。それで「デフレは大問題だ」となる。

デフレを根絶する方法

デフレが諸悪の根源という人もいるけれど、詰まるところ、デフレは需給ギャップの結果として出てくる現象。

つまり、本当はもっと経済力（成長力）があるのに、その力を発揮していないという結果。だから、日本経済を立て直すのにいちばん重要なのが、需給ギャップをなくすことになる。

では、どうすれば需給ギャップは消えるのか？

これはもう何回も言っているけれど、需給ギャップを埋める方法は財政政策と金融政策しかない。

でも、驚く人もいるかも知れないけれど、実はほっておいても、何年か経つと、自然と埋まることがあるのも事実。経済には自然治癒力があるからだね。

この自然治癒のメカニズムは解明されてないけれど、３年か4年くらいで自然とギャップが埋まったり、もっと長いと10年以上かかることもある。

日銀や日銀御用学者は、デフレの定義を歪曲すると言ったけれど、なぜデフレを認めたがらないかというと、「経済には自然治癒力があるからほっとけばいい」という立場にも立っているから。日銀は需給ギャップを積極的に埋めようとしないのだから、この立場に立っているとしかいいようがない。

確かに、なにも政策を打たなくても、いつかは自然に治癒する。でも、そのプロセスにおいては、多くの失業者が発生し、その人たちは多大な犠牲を強いられる。だから、効果のある（需給ギャップをしっかり埋める）財政・金融政策が必要になる。

需給ギャップと失業者数はパラレル（鶏が先か卵が先か）の関係だけれど、いま政府は雇用調整助成金（企業内での休業者に対して手当の½〜⅔を国が補助）を出して、失業率を意図的に下げている。でも、これは対症療法でしかない。

雇用調整助成金は、政府がお金を払って本来失業者である人を「失業者ではない」と見せかける政策だ。そもそも仕事がないのだから、助成金が切れれば即、失業者になる。あくまでも仕事が生まれる、仕事が戻るような金融・財政政策が必要なんだよね。

金融・財政政策は同時に行う

需給ギャップがあるということは、働く意志のある失業者がいて、その人たちが働けないからその分が需給ギャップになっている。だから、その失業者たちに仕事を与えるというのが、もっともわかりやすい財政政策のイメージ。

大恐慌後のニューディール政策みたいに、政府が直接人を雇ってしまえば簡単にギャップは埋まるけれど、ほかにも昔ながらの公共事業みたいに政府が事業を業者に発注する方法など、いろいろある。

で、もう一方の金融政策はちょっとイメージしにくくなるけれど、たとえば世の中の実質的な金利をちょっと下げる。すると、安くお金を借りられるから設備投資をしようとする企業が増える。企業が設備投資をすると、設備投資資材が売れるから、その資材を造る人に仕事が発生する。それで、雇用と需要が増えるというイメージだね。

では、いまはゼロ金利だから金融政策はまったくできないかというと、そうではなくて実質金利（インフレ・デフレ率を割り引いた金利）では、量的緩和をすると実質金利を下げることができる。実質金利が下がれば、同様に設備投資が増えて失業者が減る。

量的緩和とは、ザックリ言ってしまうと、ゼロ金利だともう名目金利は下げられないから、そこで日銀がたくさんお金を刷ること。すると、世の中にたくさんお金が出回るから、みんながインフレになると思う。

実際たくさんお金が出回るということは、みんなの財布に少しずつお金が増えていくわけだから、同じモノを買うにしても、少し高くても買うようになる。

量的緩和の具体的なオペレーションには、日銀がＣＰや国債を買い取るなど、いろいろあるけれど、ポイントになるのは日銀がお金を刷ってなにかを買うこと。この「お札を刷って日銀からお金が出て行く」というのが量的緩和の本当の意味なわけ。買うモノとして、いちばん買いやすいのが国債だけれど、あくまでも国債を買うことが目的ではなくて、お金を刷って世の中のお金を増やすことが目的。

日銀がお金を刷る＝インフレなのだけれど、こう言うと「みんなデフレで将来不安もあるから、財布にお金が増えても貯金してインフレにならない」などと反論する人もいる。

でも、それは間違い。貯金もするけど、絶対にモノも買うようになる。

たとえば、あなたに臨時収入で１００万円入ったとする。かりに50万円で消費をして、残りの50万円は貯金をした。ここで、50万円は銀行に預けたけれど、その50万円で銀行は何かを必ず買っているでしょ。

だいたい銀行は、国債をはじめとした金融資産を買っているけれど、その金融資産を買ってもらった人は、また別のものを買う。こうして、最初の１００万円がグルグル回ってどこかで消費されるから、必ず日銀がお金を刷ればインフレになる。

確かに、自分の身の回りだけを見ていると、金融機関に預けちゃっているからお金が回っている感覚がない。でも、実際は預けた自分のお金がいろいろなところをグルグル回って、世界のどっかで必ず消費されている。

国債だって同じ。個人や金融機関に国債を買ってもらうのは政府だけれど、政府は国債を売ったお金で、役人の給料かもしれないけれど、何かに必ず消費する。だから、お金を刷れば必ず消費されているということ。

こうして、金融政策や財政政策の効果は必ず出るものなんだよね。たとえ貯蓄になっても、その次の月、その次の年には必ず効果が出る。「貯蓄するから需要がない」という説も広まっているけれど、それは、間違い。需要が出ないのは貯蓄した最初のときだけ。タイムラグがあるだけで需要は必ず後から出てくる。

だから、内閣府が推計している35兆円の需給ギャップを埋めるだけの金融・財政政策を打てば、適度なインフレ、つまり失業が減り、成長路線に必ずなるんだよね。

金融政策と財政政策、方法は違うけれど、ともに仕事を生み出すという意味では同じ。これが一方だけでなく、同時にやることで需給ギャップを埋めることが可能になる。

ノーベル経済学賞を受賞したロバート・マンデルらが提唱した「マンデル・フレミング理論」というのがある。これは証明された法則だけれど、簡単に言うと、「変動為替相場制のもとでは、財政出動は景気対策にあまり効果がなく、有効なのは金融政策である」というもの。

なぜ、財政出動は効果がないのか？

理由は、大きな公共事業を行うと、当初は雇用も内需も伸びるけれど、金利も上昇するからやがて円高になる。結果、輸出が減って経済効果が相殺されてしまうから。でも、ここで金融政策（金利下げ）もしていれば、円安がキープされて財政出動の効果が期待できる。だから、財政・金融政策を同時にやることが必要になる。

バラマキは、アンフェアではない

財政政策とは簡単に言うと、補正予算でお金を世の中にばらまくこと。つまり景気対策のこと。

よく財政政策と言うと、「どんな分野の財政政策が効果的なのか」「地方にムダな道路を造るのはけしからん」みたいなことを言う人が必ずいる。また、「内訳や内容はよいのか悪いのか、効果があるのかないのか」などとよく聞かれる。でも、答えは単純で「そんなことはどうでもいい」。

かのケインズは景気対策の中身は、「穴を掘って埋めても、ピラミッド建設でも何でもいい」と語っている。極論すれば、空から現金をばらまいてもいい。

そう言うと、見も蓋もなくてビックリするかもしれないけれど、これが事実。違いがあるのは、最初にだれがお金をつかむかということだけ。

ただバラマキといっても、倫理的な問題から、国民の多くが求めているもの、納得できるものにするのがいいということだけ。だから、エコ関連などは国民的な合意がえられるからいいだろうけれど、ただこれは経済学の問題ではなく、あくまで倫理的な問題。

たとえば、財務省が企業の売れ残り商品をすべて買い取って庭で燃やしてもいいわけ。でも、そんなこととすると、倫理的に問題だと言い出す人がいる。

実は、不謹慎な発言でもあるけれど、あえて経済的な意味を説明するために言えば、景気をよくするのに、一番効果的なのは、戦争。

いま、アメリカのオバマ大統領はアフガニスタンで戦争（軍隊を派遣）をしているけれど、この経済効果を考えてみると、まず兵士に日当が出る。すると、兵士はお金を使えないけれど、兵士を送り出した家族は収入を得る（儲かる）。

また、装甲車や戦車が必要になり、これを製造するアメリカの自動車メーカーが潤う。自動車メーカーは、いま乗用車の販売がかなり不振だけれど、何千万円もする装甲車を生産して政府に売って儲けて、社員は解雇されずに済む。

このように、人も企業も潤うわけ。「でも、戦争は人を殺す、社会を不幸にする、人類のためにならない、だから、戦争による景気対策なんて非倫理的でやってはいけないのだ」と考えると、経済学は前に進まなくなってしまう。

要するに、「中身はどうか？」「中身が問題だ」と問う人は、経済対策の理論を無視しているのかもしれない。戦争をしても、ムダに穴を掘って埋めても、立派なビルを建てても、作業した人が給料をもらって潤うだけで、金銭的な経済効果はまったく同じ。

もし、「その景気対策は倫理的に違和感があるな」と思ったら、それは経済学ではなく、倫理の問題といえる。でも考えようによっては、倫理的な感覚を排除すれば、実は経済学はけっこう簡単な学問になるともいえるわけ。

問題は、倫理的な問題と経済的な問題は別ということが、ちゃんとマクロ経済学を勉強していないと、わからなくなること。そうなると、中身が倫理的によければ、金額は少なくても、いい経済対策だと思ってしまう。

だから、マスコミの人はすぐに景気対策の中身はいいのか、悪いのかと聞くのだけれど、意味のない質問なわけ。経済にとって、意味があるのはあくまで金額。また、配分先が公務員か民間人かも、どうでもいい話。要するに、人ならだれでもいい。その意味でも、経済学はけっこう平等なわけ。

また、「バラマキはアンフェアだ」と言う人も多い。でも、そういう人には「じゃあ、ばらまかないで特定の人にあげたほうがいいのですか？」と聞きたい。

特定の人にあげると、その人が必ず先に勝つ。でも、ばらまくと、だれが先に勝つかわからない。だから、分け隔てのないバラマキはむしろフェアといえるわけ。そもそも、バラマキという言葉は、特定の人にばらまくことから、非難されてきたんだけれど、いまでは意味がちょっと変わってしまった。

定額給付金が、もっとも効果的なワケ

鳩山内閣の二次補正予算を見ると、電線地中化の公共工事や中小企業への資金融資などが盛り込まれているけれど、ではいちばんいい財政政策とは何か?

中身は二の次と説明したけれど、実は、いちばんマトモといえるのが減税。財政政策というと、国の財政出動とかバラマキというイメージだから、減税はピンとこないかもしれないけれど、立派な財政政策。

だから、エコカー減税はもちろん、特定給付金も財政政策になる。私がオススメする財政政策は、やはり定額給付金。なぜなら、広くみんなに直接お金が入ったということがすごくわかりやすいから。

定額給付金なら、個人が何に使うかはまったくの自由だから広く使われるし、いたってフェア。それで昨年春（3月）から配られた定額給付金のおかげで6月くらいまでは、実際に景気が良かった。できれば、一人1万2000円じゃなくて、需給ギャ

ップが埋まる一人30万円だったら、もっと良かったのだけれど……。

逆に、くだらないやりかたなのは、エコポイント。これはエコ家電を買ったときに、購入価格の10％分の商品券がもらえるもの。

くだらないと言うのは、キャッシュではないから。使いにくいだけじゃなくて、問題はそのポイントを管理する天下り団体ができてしまうこと。だから、お店でエコ家電を買ったときに、その場で10％を現金で還元してくれるやりかたのほうがいい。エコカー減税がそうだね。

でも、やっぱり一番いいのは、エコ商品みたいに決め打ちしないで、みんなに減税したり、給付金を出すこと。なぜなら、直接みんなにお金を配れば、役人の天下り団体に余計なお金が落ちないから。

たとえば、自民党時代の農業補助金は農協経由だから、農協に余計なお金がどうしても流れてしまう。でも、民主党の農家への戸別補償は、中間搾取がないだけマトモな政策ともいえる。また、エコカー減税は明らかに、エコ贔屓《ひいき》。自動車業界とクルマを買う人だけが対象だから。国民に「クルマを買え！」と言っているようなものだよね。

でも、定額給付金にしたら、国民全員のだれが何を買うかわからない。ひょっとしたら、この本を買ってくれるかもしれない（笑）。

定額給付金が出ると、国民みんながちょっとお金持ちになるから、企業がそれを奪い合おうとビジネス競争を活発化させる。需給ギャップの35兆円分、定額給付金を出すと、ひとり約30万円。かりに10万円貯金しても、その分も金融機関が競争を始める。こうして、35兆円も出すと、みんながあちらこちらで競争をはじめる。このようにして、世の中の景気が良くなっていく。

でも、こう言うと、すぐに「そんな巨額の景気対策の財源はいったいどうするんだ」「若い世代のツケにしていいのか」という話になるけれど、日銀がお金を刷っても、政府が政府紙幣を発行してもいい。政府紙幣なら財政赤字は増えないから。

政府紙幣というと、それだけでキワモノ扱いされるけど、政府はお金を発行できる。コインを見てみると、「日本国」と書いてあるでしょ。お札は「日本銀行券」。つまり、コインの発行は、政府。だからコインは政府通貨という。

一方、お札の発行は日本銀行。それで日本銀行券。実は、通貨にはお札が含まれるから、政府はお札も発行できて、それが政府紙幣と呼ばれるもの。

ムダ使いが、国を潤す⁉

お札（1万円札）は原価が20円。だから1枚刷ると、9980円儲かる。で、日銀や政府がお金を刷ると、必ずインフレになるのだけれど、その理由は、政府の儲かったお金がさまざまな政策を通して民間に出ていくから。

たとえば、電線の地中化をすれば、その工事をしている人に配られる。減税や給付金にすれば、直接個人にばらまかれる。だから、インフレにしたかったら、政府がお金を刷ればいいという単純な話。

これは、本の増刷と似ているね。刷れば刷るほど、儲かる。出版社だって、ベストセラーが出てお金が儲かったら、社員全員に還元されなくても、自社ビルを建てるなどなにに使われるかはわからないけれど、儲かったお金は消費されていく。国が儲かった場合も、まったく同じ。

でも、国がどういうふうにお金を使っているかは、政治に興味のない人にはよくわからないはず。そういう中で、「不況の中で高級な公務員住宅を建てている」などと言うニュースが頻繁に流れるから、「役人はムダ使いばかりしてけしからん」という話になる。でも、どんなたぐいのムダ使いでも、使う限りは世の中にお金が回り、景気は良くなる。

民主党は、この「ムダ使いの根絶」を喧伝する。でも、逆説的だけど、ムダ使いと思うようなお金の使い方のほうが世の中を潤す（景気が良くなる）ことが多いのも、また一方では事実。ムダにたくさん使えば、周りの人はすぐに潤う。情けない話だけど、実際はそうなっている。こういうことは、あまりはっきりとは言いにくいけれど。ちなみに、私は決して役人のムダ使いを薦めてはいませんよ。

余談だけれど、事業仕分けで公務員住宅の新たな建設を一部凍結しようというのは、そのお金を別のこと、たとえば子ども手当の財源なんかに回そうという趣旨。要するに、公務員宿舎に使うと、公務員だけが潤うというイメージになってしまうから。

私に言わせれば、公務員宿舎なんて必要ない。そもそも公務員宿舎の趣旨は緊急・災害時に出勤のためだけれど、そんな公務員はごくごく少数。

だから民間企業と同じように、民間住宅を借り上げて家賃補助にしたほうがずっと安上がりになる。すでに公務員宿舎はたくさん造られているから、民間に売ってしまって、その上で役所が公務員宿舎として借り上げる。すると、民から官へ、まず、お金が流れ、次に官から民へお金が流れる。このように、官民入り乱れてお金がグルグル回るのが、実は一番景気対策に効く。

ところで、公務員宿舎（勤め先の共同住宅）には民間の人ならあまり入りたがらないはず。それも当然。私は官舎に入った経験がないけれど、すごく嫌な世界。公務員の身分制度がプライベートや家族にも持ち込まれるから。

でも、官舎を民間に売却して一部だけ役所が借り上げていたら、嫌な世界もなくなって一石二鳥になる。とにかく、事業仕分けで建設をキャンセルするくらいなら、建ててしまって民間に売却するほうが景気対策にもいい。

1〜2％のインフレ目標が、世界標準

いま国の選択肢としては、金融・財政政策を打たないで成長路線に復帰するのをじ

っと待つか、あるいは打ってすぐに成長路線にするかの二通りがある。

現状では、需給ギャップがこれだけ大きくなっているから、それをしっかり埋めて成長路線に乗る対策が必要だけれど、それがなかなか打たれない。では、なぜ打たれないのか？

理由は、日銀と政府がお互い責任を押し付け合っているから。ゲーム理論でいうと、お互い批判だけして自分は何もやらないのが均衡点になる。

そんな状況だけれど、いま日銀が取るべき政策のなかで、最適解といえるのは、1〜2％（1〜3％でもいい）のインフレを目標にして、金融緩和（お金を刷って供給する）をするというインフレ・ターゲット（目標）政策。

なぜ1〜2％の目標が良いのかというと、他の先進国のほとんどがそうだから。つまり、1〜2％のインフレ・ターゲティングは世界標準の政策というわけ。

でも、世界標準だからやれと言っているのではなくて、数学的に失業率や物価変動をミニマイズ（最小化）しようと思ったときに、インフレ・ターゲティングが一番ふさわしいと証明できるから。

しかも、他国と同じインフレ水準になる（目標通りなら）から、為替があまり動かなくなって好都合。プラグマティックな考え方だけど、これは日銀御用学者でもなかなか否定はできないみたい。

このインフレ目標の話になると、資金を「〝じゃぶじゃぶ〟流す」という言い方をする人がいる。日銀もマスコミもよくそう使うけれど、いったいどのくらいの量が〝じゃぶじゃぶ〟というのかわからない。テレビの人も言うけど、それで聞いてみたら、「じゃぶじゃぶと日銀が言うから」と言っていた。日銀にも聞いてみたいけれど、本当に〝じゃぶじゃぶ〟というイメージで流せば物価は確実に上がる。

でも実際、物価は上がってないから、日銀は日銀が言うように、じゃぶじゃぶは流していないわけ。日銀は「じゃぶじゃぶ流しているのに上がらないのは他の要因」と説明する。でも、私から見たら〝じゃぶじゃぶ〟流してない（量が足りない）だけ。

ハイパワード・マネー（日銀当座預金残高の合計＋現金通貨。金融政策のひとつの指標）の推移を見れば、どのくらい流れたかは一目瞭然だけれど、実際はたいして流れてはいない。金融政策は財政赤字とは無関係だから、もっと流せばいいだけなんだけど。

4%の経済成長への道

日銀は、「日銀は金融緩和をやっているから、あとは構造改革（成長プラン）や企業努力が必要」と強調する。でも、実際日銀はちゃんと緩和をやっていない。

だから、1~2%のインフレ目標をやること。デフレを脱却するための答えは、それしかない。そのうえで、構造改革もすれば、長期的な成長路線にスムーズに入れる。

問題は、日銀の方針と民主党のマニフェストの中身がよいかどうかではなく、財政政策と金融政策の双方とも需給ギャップを埋めるには、ぜんぜん〝額が足りない〟こと。この足りないことを言う人が少ない。それで、困ったことに世の中になかなか理解されないのが現状。

ちなみに、インフレ目標の設定を提唱する人を〝リフレ派〟というのだけれど、リフレ派と構造改革派は仲が悪いとみえる。彼らが意見対立をしているから、どっちが正しいのかとわからなくなってしまう人もいるようだけれど、両概念を対立的に考えるからわからなくなる。でも、よく考えると、対立項ではまったくない。

「インフレ目標をやると、構造改革が緩む。つまり、古い体質のゾンビ企業が生き残ってしまうから、金融は締めるべき」と言う人もいる。だけど、デフレのままだったら失業率がどんどん増えてしまう。結局、構造改革とインフレ目標は一緒にやるしかない。

一緒にやることで、デフレから脱却し、先進国平均の４％の経済成長が目指せる。４％というのは、インフレ率と実質ＧＤＰ成長率の和だから、デフレを脱却して２％くらいのインフレになれば、あとは実質成長率が２％くらいになれば４％になる。

実質成長率は、いま１～２％くらいなので、成長率はほっておいても自然に２％にはなる。だから、マイナスになっているインフレ率を２％にすれば、自動的にすぐ４％の成長になる。

要するに、政府に成長戦略なんてなくても、日銀がお金をインフレ率２％に向けて、まさにじゃぶじゃぶ流す（刷る）だけでいい。デフレ脱却のためには、ちょっと大胆に資金を供給して、需給ギャップが埋まったら、あとはマネーサプライを安定的に伸ばせば、インフレ率２％は容易に達成できる。

現状で需給ギャップを埋めるのに必要な額は35兆円。しかし、今年、二番底（更なる景気後退）がくると、80兆円くらい必要な計算になってしまう。だから、急いでやらなければいけない。

もっとも、国の借金の累積も考慮すると、財政政策で35兆円出すのは確かに難しい。でも、金融政策なら35兆円はけっこう簡単に出せる。このように本来、４％成長への道は、いたってシンプルということ。

ハイパーインフレ論は本当か？

インフレ目標の話をすると、すぐにジンバブエにたとえて反対する人もいる。ジンバブエは、ハイパーインフレーションに見舞われ（08年のインフレ率は2億3000万％とされ、同年に1000億ドル札も発行されている）、レストランに行くのに大量の札束をカバンに詰めていかなければならない。

日本もジンバブエと同じように、インフレ目標を設定すると、ハイパーインフレになる恐れがあるという話。こういったことを語る評論家が複数いるけれど、この話の出元は明らかに日銀だね。日銀はなにかと、「お金を刷るとハイパーインフレになり、終戦間もない頃みたいなインフレになる」とすぐに言い出す。

しかも、このハイパーインフレになるという話には、数字が一切出てこない。全部定性的に説明されている。でも、インフレ率の話は、そもそも定数的（数字で説明）に語らないと、絶対に誤解になる。

私の言っているインフレ率というのは、年間1～2％。それは1年たつと、１００円のモノが１０１～１０２円になるレベルのインフレの話。

これに対して、ハイパーインフレというのは、１００円のモノが1万円になるレベルのこと。１００円が１０１円になるのと、1万円になるのでは、差がありすぎる（ジンバブエのケースは１００円が２３０億円に）。

だいたい50兆円くらいお札を余計に刷ると、１００円が１０１～１０２円程度になる。50兆円って、どのくらいの大きさのお金なのか、イメージがわきづらい。でも、こう考えるとわかりやすい。

国民全員に配ると、一人当たり約50万円。そのくらいお金を余計に刷って減税したり、定額給付金でばらまいても、せいぜい物価は１００円が１０１～１０２円程度にしかならない。

では、ハイパーインフレ（100円のモノが1万円）になるためには、どのくらいのお金を余計に刷ることになるのか？

答えは、1京の世界（兆の1万倍）。

まったく想像がつかない額だけれど、国民一人当たりにすると億円単位。だから、一人当たり10億円くらいばらまけば、本当にジンバブエみたいになる可能性がある。

でも、一人当たり50万円程度だったら、物価はほとんど動かない。これは、計算すれば簡単にわかる話。

日銀は、デフレがお好き!?

では、なぜ日銀は「ハイパーインフレになる恐れがある」とすぐに言い出すのか。

それは、お札を刷るのが嫌で、話を誤魔化すためとしか考えられない。

日銀はお札を刷ることで物価をコントロールできるのだから、世の中がデフレになるのも、ハイパーインフレになるのも、すべて日銀の責任。

結局、日銀が日本の景気を悪くしている。だから、OECDの事務総長がわざわざ

図表①　各中央銀行のバランスシートの推移

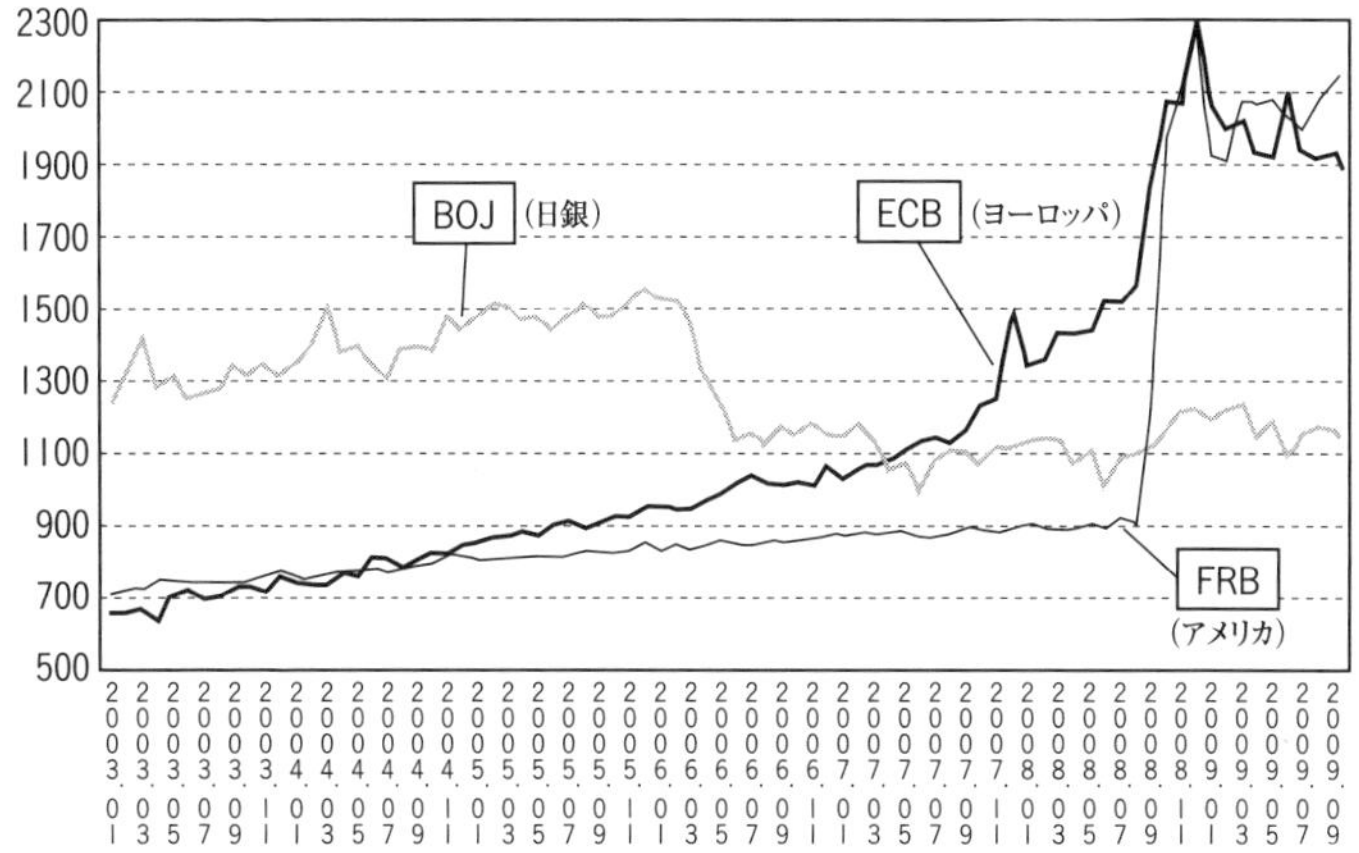

資料：各国中央銀行財務諸表　単位：BOJ；1000億円、FRB；10億ドル、ECB；10億ユーロ

「日銀はデフレ根絶と戦うべき」などと日本の政治家に言いにくる。

　需給ギャップ分をしっかり埋める金融政策は、アメリカでもヨーロッパでも、当たり前のように行われているけれど、日本だけが行われない。もう日銀がサボっているとしか言いようがない。

　最近OECDが出したものとして面白いデータ（図表①参照）がある。これは日銀とアメリカとヨーロッパの中央銀行が、どれだけ緩和（景気対策に頑張っているか）したかを示したもの。これを見ると、日銀だけがサボっていることが一目瞭然。

　要するに、日本だけが「中央銀行がサボって需給ギャップを埋めていない」と、O

ＥＣＤもが認定したわけ。

日銀が他の中央銀行と同じように、頑張ってお金を供給しない（刷らない）なら、日銀総裁を変えればいいだけの話なんだけれど、白川総裁は自民政権時代に民主党がゴリ押しして選んでしまった人だから、民主党には替えられない。「日銀総裁はダメだから替える」と言ったら、「いったいだれがそんなダメな人を選んだのですか？」と問題になるから、なかなか替えられない。まぁ替えなくても、インフレ目標をキチンと決めるなら、だれでもいいわけだけれど、それもできない。


なぜ日銀はかくもサボるのかと言うと、日銀には自身の政策に対するペナルティがなく、給料も保証されている（公務員よりも高い）からかな（笑）。ほんとは謎だけれど。

だから、デフレになると、彼らは実質的な給料が上がって嬉しいわけ。形式的には公務員に見えないから、非難の的にもなりにくい。マスコミも、日銀クラブに属していて、記事のネタを日銀からもらうので、日銀の批判はできない。

日銀はジャスダック銘柄一覧の中に入っているから、上場している企業と思っている人も多いかもしれないけれど、正確に言うと上場しているわけじゃない。配当もない1億円分の出資証券が名目上、店頭登録銘柄になっているだけ。しかも55％は国が持っていて、取引なんてあまりない。つまり、形式上民間会社のようにするために店頭登録しているだけで、実態は特殊法人と同じで広い意味での公務員なわけ。

公務員だと、天下りや、していることにいろいろ文句を言われるから、ことあるごとに「自分たちは公務員じゃない」と説明している。

いま政府は公務員制度改革を一応掲げているけれど、日銀改革も一緒にやらないといけない。しかし、政府から「日銀改革」という言葉が出てこないのは、日銀改革を意図的に外そう、隠そうとする人がいるのも要因。

そもそも日銀も特殊法人と同じ認可法人なのだから、公務員制度改革の一環としてやろうと思えばいくらでもできるのに。要するに、日銀出身の政治家が手を付けたがらない。財務省の役人も将来、天下りしたいからやろうとしない。

唯一、インターネットの2ちゃんねるには「日銀も事業仕分けしろ」という書き込みがあった。読んでみたら、事業仕分け人に髙橋洋一、結論は「日銀廃止」となっていた（笑）。

日銀の独立性は、世界の非常識！

このような日銀の問題点の根源は、やはり日銀法にある。日銀に強すぎる独立性のある法律をつくってしまった。これが失敗の元だった。日銀は政府と一体となって政策を行う必要があるけれど、日銀には完璧かつ強力な独立性が保証されているからバラバラ。

たとえば、政府が中小企業へのモラトリアム法案をやって守ろうとしているときに、日銀は中小企業支援をやめたりしている。これはありえない話。

ふつうの国の中央銀行と政府の関係というのは、目標は政府が与えて、中央銀行はその目標にしたがってやるだけ。その目標の範囲の中での独立性はあるけれど、それだけであって強すぎる独立性はないのが常識になっている。

「日銀に独立性が必要」というのは、要するに、日銀のプロパガンダなのだけれど、それにマスコミも政府も毒されてしまっている。

本来、独立性というのは、あくまでも与えられた目標の範囲の中という意味。これを英語でいうと、中央銀行は「Independence is instrument independence. Not goal independence.」。

つまり、「中央銀行の独立性とは手段の独立性であって、目標の独立性ではありません」という言い方をされる。でも、いまの日銀には「goal independence」まである。こういう先進国は世界で稀《まれ》。これは世界の常識なのだけれど、日本の知識階層の人は、この常識を知らないわけ。この国には世界的な知識がなさすぎるんだよね。

実は98年、日本の成長率が下がった時期と、日銀法が改正された時期は軌を一にしている。正確に見ると、経済が危なくなったのは95年ころからだけど、日銀法の改正もそのころから議論されている。

この議論の中で日銀は完全な独立性を確保した。それ以前の日銀と大蔵省の関係性は、完全に日銀は大蔵省の下部機関だった。それが解き放たれた。

当時は大蔵省が「景気刺激策をやれ」と言ったら、すぐ日銀がやる。そんな上下関係だった。ところが、94年ころからこの伝令が一切なくなった。それで日銀は、金融引き締めだけの機関になってしまった。

なぜ、独立性が求められたかというと、独立性がないと政府に言われてお金を刷りまくる危険があるから。でも、これには教訓がある。目標は政府か、政府と中央銀行が相談して決める。そして、そのあとの手段は中央銀行が決めると、中央銀行の責任も明確化できるという教訓。

でも、日銀は94年ころから目標も手段も完璧な独立性をもっていて、それが98年の日銀法改正で確実になった。それで、だれも日銀に「蒸せ＝緩和」とは言わなくなってしまった。それはバブルの教訓だから仕方ないという言い方もあるけれど、いまや日銀は世界一の独立性をもっていると考えられる。その強すぎる独立性が、良くない。だから、日本経済を復活させるには再び日銀法を改正して、世界標準の独立性にするしかないということ。

日銀法の改正は、もはや不可欠!!

インフレ目標というのは、「日銀総裁の手腕を評価します」という話。だから、独立を確保している日銀内ではできないし、もちろん政府内にいる日銀ＯＢにもできない。日銀ＯＢの政治家というのは、日銀からの出向社員みたいなものだから。日銀に限らず、過去官僚の多くは体質が官僚時代と同じで、古巣の官僚を擁護する。

だから、「インフレ目標をやれ」と言っているだけではダメ。日銀には、そもそも完璧な強すぎる独立性はないのだという世界の常識をわからせない限りムリなんだよね。


日銀法では、完璧な強すぎる目標の独立性があることが記されているから、インフレ目標は最終的には日銀法を改正しないとできないことになる。当時、日銀法改正の法律を書いた人は、この手段と目的の話を知らなかったのかもしれない。

それで日銀は調子に乗ってしまった。それがずっとデフレ政策を続けてきた遠因になっている。日銀がヘンなことをやっていても、だれも日銀に制裁を科すことはできない。あのときうまく日銀法を改正していたら、こんなことにはならなかったはず。

いま日銀はどんなに批判されても、「法律にのっとってちゃんとやっている」と言えるから、要するに、制度（法律）が悪いということ。多くの経済学者や評論家は、このあたりの法律を知らないで、「インフレ目標が必要」という結論だけを言っているけれど、それだけでは足りない。

図表②　各国CPI（食品・エネルギー除く　対前年同月比）の推移

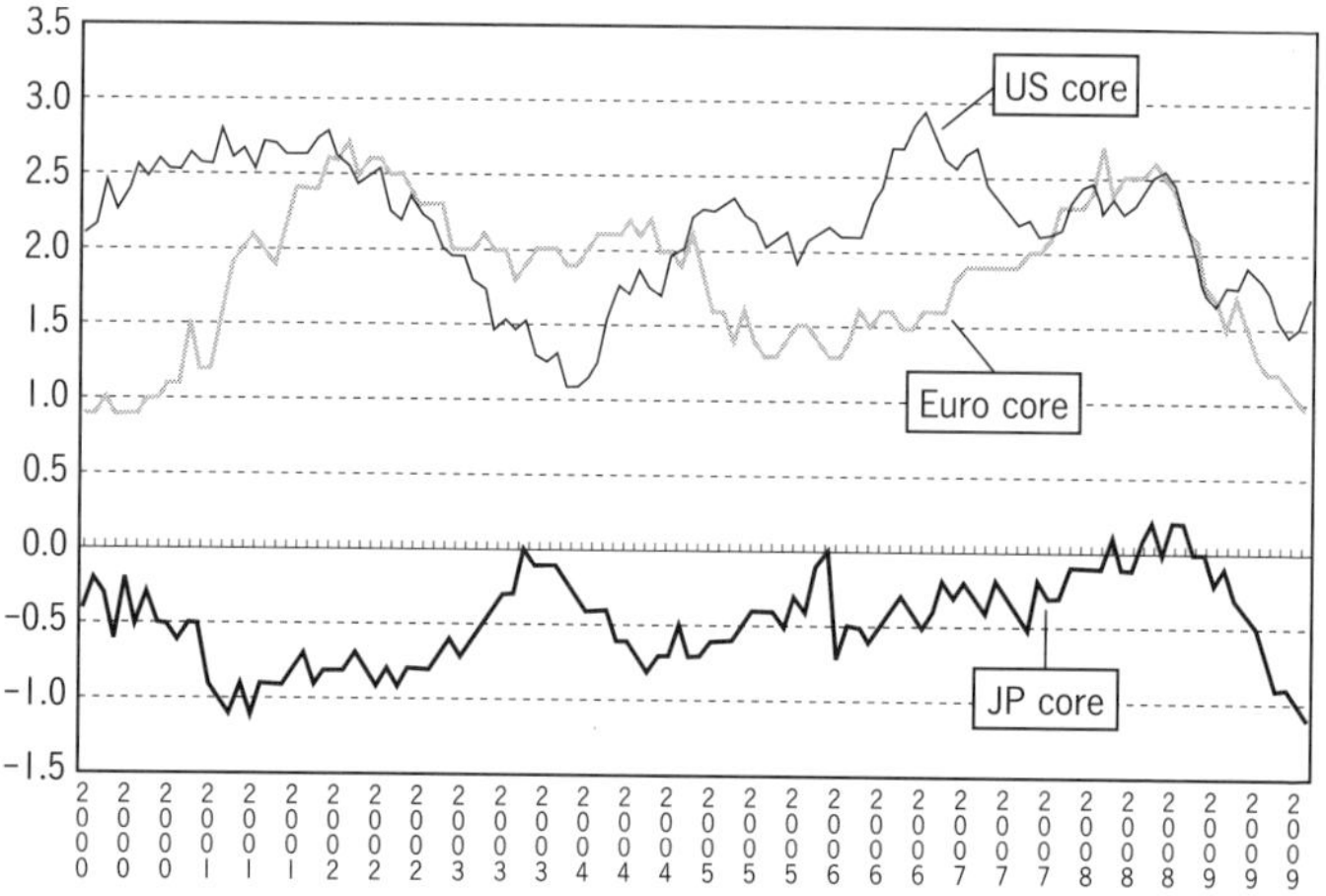

出典：各国物価統計

皮肉だけど、日銀が決めた目標をしっかり守ると、実は日銀は世界一インフレ率のコントロールがうまい銀行になる。日本のインフレ率は、00年から07年まで−1〜0％の範囲にほぼ一貫して入っている（図表②参照）。これを2〜3％と読めば、世界一素晴らしいことができている中央銀行になる。

こんなに狭いレンジにはふつう抑えられないから。でも、抑えるレンジ（目標）は違えども、もし政府が2〜3％と決められたらできることでしょう。

こんなコントローラビリティのある中央銀行は、他国にはない。つまり、他の金融当局の追随を許さない優れた能力がある（笑）。

もっとも、−1％になると何らかの緩和をやって数字を上げて、０％になるとまた違うことをやって下げるだけなんだけど。

日銀に実際に行ってみるとわかると思うけど、現場の人は超技術者で優秀。でも、昔の日本軍と同じで、兵隊は一流だけど将校はダメという、いかにも日本のエリート組織で見られる典型なんだよね。

ちなみに、自民党時代（小泉・安倍総理時代）は、総理と福井さんが経済・財政諮問会議の場で、１〜２週間に１回は必ず会って話していた。いまはその会議がなくなったので、定期的には会わなくなってしまった。

だから、たとえば中小企業対策で日銀と政府が、真逆のことができてしまったりする。このことからも、政府と日銀のディスコミュニケーション状態は明らか。もし会って話せば、さすがに真逆のことはできないし、総理は「白川さん、協力してくださいよ」と頼むようになる。

白川さんも、総理に直に頼まれれば断りにくくなる。日銀に好きなようにやらせておくと、いつまでもデフレのままで、そうなると民主党（政府）への風当たりはますます強くなっていく。

やはり政府と日銀は、日頃からちょくちょく一緒に朝食をとりながら話し合ったほうがいい。本来、総理大臣と日銀総裁は、ひとつの会社の社長と財務担当副社長みたいな関係なんだよね。

だから、この両者がぜんぜん話し合うこともなく、バラバラに意思決定していたら会社がおかしくなるにきまっている。

本当にぜんぜん会っていなかったから、さすがに民主党は昨年12月になってやっと総理と白川さんが会って、日銀は金融緩和策を出した。総理と白川さんが定期的に会うだけでも、この国の経済がマトモになる可能性があるということなんだよね。

日本は、豊かな国ではない

日本経済の現実は、90年代以降の日本の経済力の国際的順位を見れば一目瞭然。

各国の国力をいちばん端的に表わすのは、国民一人当たりのGDP。これが90～91年あたりは日本が世界一。でも、いまは先進国33ヵ国の中で20位くらい。

もう少し経つと、ひょっとしたら韓国にも抜かれる勢いだね。このように、みんなGDPで世界第2位の経済大国（もう中国に抜かれて第3位！）なんて思っているけれど、実態はまったく違う。

ヨーロッパの国やアメリカのほうがよっぽど豊かで、このまま下手をすると一人当たりのGDPで中国にも韓国にもインドにも抜かれてしまう。かなり悲惨な状態にある。要するに、この20年の間に日本は豊かな国ではなくなったということ。

こういう話を聞くと、国全体（マクロ経済）に意識が向くはず。半径2メートルで思考していると、絶対マクロ経済には意識が行かないけれど。

では、なぜ日本だけが経済成長で負け組なのか？

この質問にクリアに答えられる人はまずいない。確かに、成長率で80年代まではトップだったのに、いまはビリに近い。その理由は複合的だけれど、やはり、日銀と官僚に依存しすぎていた一方で、日銀がおバカな金融政策を続けたことが大きいね。

この問題については、経済学者や評論家の間では2つの派閥がある。それは構造説と金融説。構造説は、日本経済の構造が時代に合わないことだけで経済成長を語ろうとするし、金融説は金融政策だけで語ろうとする。両派閥は対立しているけれど、私は両方とも正しいことを衝いていると思う。

だから、構造改革を一生懸命にやり、同時に金融政策としてリフレ政策もやること。だけど、構造改革は本当の意味での脱官僚がなかなかできない。金融政策に関しては日銀法を改正しないとなかなかできない。そういう二重苦の構造になっている。

民主党は、成長することが嫌い⁉

国の政策として、本来いちばん重要なのはマクロ経済政策。ところが、民主党のマニフェストには、マクロ経済政策が皆無。

中小企業の法人税減税などはあるけれど、これはマクロ政策ではなくて、中小企業対策。要は、ＧＤＰの成長率を上げるための成長戦略がなにもない。

なぜなのかというと、マクロ経済政策は国民（支持率アップ）にリンクしない。そう民主党が考えているから。だから支持率アップに繋がる「国民生活が〜」というミクロな発想ばかりになる。たとえば、子ども手当や農家の戸別補償などばかりで、国全体の話が置き去り状態。

もともと、民主党にはマクロ経済政策なんてものはなかった。でも、一方の国民の側にもマクロ経済を意識している人はほとんどいないのが実態。みんな自分の身の回りのことにしか関心がない。でも、それだからこそ、本来は政府がマクロ経済政策をしっかりやらないといけない。

民主党の本音は、マクロ経済に欠かせない経済成長率の表なんて、マニフェストには載せたくもないはず。それはヘタレ左翼の発想とまったく同じ。

ヘタレ左翼とは、全共闘崩れのことだけれど、彼らには「経済成長は悪だ」という発想が染み付いている。民主党の支持団体は労働組合で、民主党の上のほうの人たちにも、そういう発想の人がいる。だから、民主党は経済成長の話が嫌い。

この世代の知識人は「成長クタバレ」「ＧＤＰクタバレ」が合言葉（笑）。市場原理主義が目の敵であり、竹中平蔵さんも大嫌い。

彼らが学んだのはマルクス経済学（マル経）で、近代経済学（近経）は学んでいない。だから、マクロ経済政策が理解できないわけ。ヘタレ左翼のジャーナリストは、経済について堂々と語るけれど、マクロ経済について無知だから、まったくトンチンカンな内容になってしまう。経済を語れば語るほど、醜態を晒しているようなものだね。

では、なぜ彼らは「成長が不要」と思うのか？

彼らが学んだ時代は、日本は高度成長していて、一方で世界は東西に分かれ、共産主義のユートピア論があった。だから、経済成長かユートピアかという議論が起きていた。でも、いまの日本は成長の時代が終わって、東西冷戦も終わって、共産主義はもうない。なのに彼らは、いまだに「成長は不要」という考え方から脱してないというわけ。

余談だけれど、このヘタレ左翼と呼ばれる人たちが戦後日本の知識階層やジャーナリズムの中心で世論を動かしてきた。

彼らは、学生時代にマルクスに染まり、革命運動をしたかったけれど、ふつうの勤め人になってモンモンと働いている。でも、なかには青木昌彦さん（スタンフォード大学名誉教授）みたいに、マルクス経済学から近代経済学に転向して成功している人もいる。

青木さんは、もともと共産主義者同盟（ブント）の指導者の一人だったけれど、あるとき「マル経なんてまったくの間違いだ」と転向。すごく頭もいいから転向もドラスティックで、アメリカに留学して、スタンフォード大学でもトップクラスになった。マル経でもトップ、近経でもトップ。

彼ほどすごいと転向も自在でいいけれど、マル経をかじって中途半端に勤め人になるようだと、うまく近経に転向できない。だから、いまも格差や貧困に敏感に反応して、格差問題を喜んで積極的に番組や記事にする。

なぜ、日本人は経済オンチなのか

このように、日本では経済学の常識が知識人にも理解されていない。その理由は、ヘタレ左翼の知識人以外にもうひとつある。実は、その根っ子は、大学の金儲け主義。大学はどうやると儲かるのかというと、学生数を増やして、教員を減らすのがいちばん簡単に儲ける方法。つまり、大教室で行う講義ほど儲かるわけ。ふつう文科系の学問は多くが大教室で、一方実験が伴う理科系は小教室が中心。

だから、できるだけ多くの科目を文科系の学問にできるかできないかが、実は儲かるかどうかの分水嶺になる。そこで儲ける戦略になるのが、文科系の科目を多くして学生をたくさん集めること。

では、どうやって文科系を多くするか。そこで、いちばんの候補になるのが経済学部。経済学には、数学や統計学が必須だけれど、文科系にしてしまう。すると実習や実験がなくなる。それで経済学部は文系にしてしまった。まあ、日本では経済学というとマル経が主流だったという歴史もあるけど。

一方海外では、経済学部を文系・理系に分ける発想がなくて、ふつうは理系に近い学問という認識。本来は経営学も同じだけど、工学的要素が強い。でも、日本の大学では儲けるために文系にした。

文系にすると、入学試験の科目から数学が消えるから学生もよく集まる。学生は、数学の知識がないから、講義でも数学がほとんど出てこない。だから、経済学部を出ていても日本人は経済オンチになってしまう。要するに、大学側の営業戦略のせいだったわけ。

最近は、数学ができなくて困るからと、入試に数学を入れようという経済学部の先生もいる。でも、数学を入れると受験生が激減してしまう。ただでさえ学生数が減っているから、数学を入れると大学の存続が危うくなってしまう。

このように、いまの日本の大学は経済学部で儲けるためにわざと理解できない学生を入れているのが実態。本来の経済学は教えられないという、日本の経済学部は詐欺商法のようなものというのが真相（笑）。

こうして経済学が理解できない学生が増えると、今度は経済学がわからない先生も増える。大学院も似たような傾向だから、いまの経済学部には経済学がわからない教授がいっぱいいる。

まあ、本来経済学部に行く必要のない学生が行っているから、仕方がないといえば仕方がないのかもしれない。でも、そういう人が経済学を勉強したのに、よくわからなかったから、「経済学は実践には役立たない」と言う。なかでも、成功した社長などが「経済学は意味がなかった」と、学生時代わからなかった経験を正当化するために言ったりする。そのことで経済学の権威や信頼が失われていると思うね。

もうひとつ、日本人が経済オンチの理由は、かつてマルクス経済学（マル経）という「歴史」が経済学の中心になってしまったという不幸があったこと。

京都大学なんかは私が学生の当時は、マル経しかなかった。近代経済学をしっかり教えているのは一橋大学くらい。マル経は、社会思想史の一分野だけれど、それが経済学として流布したのは本当に不幸だった。ヘタレ左翼を大量に生み出してしまったわけだし。そう考えると、日本の経済学の世界は、〝マル経〟と〝ゴミ学生〟という二つの十字架を背負っているわけ。

翻《ひるがえ》ってスウェーデンでは、ノーベル経済学賞があるくらいで、経済学は科学という認識になっている。国民の生活が救われたという、経済学に対する尊敬もある。日本はこんな事情だから、経済学が一人前の科学となるまでには、あと20～30年くらいかかりそう。

日本は高度経済成長をしたけれど、その成長に経済学は関係がなかった。だから、経済学がなくても経済発展はするのだと思ってしまう人も多いけれど、そうではない。このように、経済学が科学として日本人に認知・浸透していないことも、この国の経済がいつまでもマトモにならない理由のひとつだと思うね。

第2章　脱官僚依存と民主党政権の欺瞞

埋蔵金発掘の経緯

私が財務省に入ったのは１９８０年（昭和55年）。当時は、「官僚が日本国を引っ張る」、「日本は官僚なくして成り立たない」といった時代。外国為替管理法の担当を皮切りに、地方の税務署長など、いたってふつうの官僚コースを歩んで、いま言われているような官僚の問題点なんてなにも知らず、なにも考えず、ただ偉くなっていた――。これは私に限らず財務官僚のふつうの感覚でしょう。

でも、あるとき埋蔵金というものが隠れており、それが天下りに使われていることもわかってしまった。正直、財務官僚でも自分の課の周りの資料だけを見ていたら、埋蔵金の存在なんかはわからない。みんな言われてから気づくのだけれど……。

たまたま私は、財務省全体にまたがる制度や資料を見る機会があって、それで計算をしていたら埋蔵金の存在にぶつかった。それは95年～98年までの資金企画室長時代の話。

当時、「財政投融資（国が特殊法人などに投資・融資し資金を回収する）にさまざまな問題がある」と、マスコミでもいろいろ言われていた。それで私に「財政投融資が、ぐちゃぐちゃでわけが良くわからないから、なにが問題なのか指摘してくれ」となった。

調べてみたら、財政投融資はどんぶり勘定で、民間金融機関では常識のＡＬＭ（リスクを最小化するための資産・負債の管理手法）すらもなかった。

特殊法人などの資産管理をちゃんとするとなると、資産と負債および資金の流れを１００％把握しないとできない。そのためには、国のバランスシートも必要になるのだけれど、これがなかった。そこで私が初めて国のバランスシートをつくったわけ。

すると、特別会計によってはずいぶん余剰金（＝埋蔵金）があった。国全体で見ると、たいした額にはならないけれど、その余剰金は見えにくいもので、それが天下り官僚ＯＢの受け入れのために使われていることもわかった。

ちなみに、銀行などの金融機関でもＡＬＭをしっかりやると、お金の流れから本当の資産額まで１００％わかるから、その会社（事業）のトップシークレットを握ってしまうことになるんだね。

財政投融資というのは、その多くが郵便貯金と年金のお金が原資。そのお金がリスク管理もされないで、どんぶり勘定で融資されているのだから、大きすぎて危ない。結果、財政投融資は、制度そのものが大きく改正されたけれど、その抵抗は激しかった。

橋本行革時の話だけれど、以来、郵便貯金のお金は衣替えした郵政公社自らが運用するようになった。

このころ大蔵省は、「ノーパンしゃぶしゃぶ」とかの接待スキャンダルが出ていて、無傷では済まされない雰囲気。それで大蔵省は解体になり、財務省と金融庁になった。これに伴って、特殊法人もけっこう統廃合されたのだけれど、このとき役人の天下りに関しては致命的なダメージにはいたらなかった。

私はこの財投改革が担当だったので、財投と郵政については、財務省で一番詳しかった。それで、竹中平蔵さんが郵政担当の大臣になったときに内閣府に呼ばれたというわけ。

だから、みんな誤解しているみたいだけれど、私は「官僚憎し」から財務省を辞めたわけじゃない。理系で年金数理や金融のデリバティブズなどのスキルがあるから、役所や天下りに頼らなくても生きていかれると思っていた。それで辞めたわけ。

でも、その意識が他の官僚の人とは、決定的な違いだったと思うね。民間企業でも、文系の営業マンはスキルがないから会社にしがみつこうとするはず。役所もまったく同じで、文系の事務官は法律を知っている、人脈をもっている程度だから、外資などの民間に転職しても、なかなかうまく働くことはむずかしい。だから、必死になって天下りにしがみつこうとする。ほかに行き場所がないのだから当然なんだけれど。

後に、私はこの埋蔵金の存在を伝えただけ。よく「髙橋は財務省叩きの急先鋒」みたいに言う人がいるけれど、そうではなくて、ただファクトを国民に伝えているだけ。

官のポストは、民間開放すべし

ところで、民間と官の間には壁がある。それは単純に、官僚や財務省が悪いというのではなく、この壁の存在こそが問題という意味。壁がなくなれば天下りという概念もなくなるのだから。

壁がなければ、天下りはたんなる再就職になる。だから、官のポストも民間に開放すればいい。最近はさすがに、特殊法人の役員ポストを民間からも募集したりしているけれど、どんどん民間の人がなればいい。ただ現状では、「行政経験が必要」らしいけれど、そんな条件は、ちゃんちゃらおかしい。

結局、どんな人がいいかは能力の問題。だから、「採用基準が良くない。対外的に通用する基準にすべき」と指摘すれば、意外にかんたんに突破できる。役人も、たとえばデリバティブなど何らかの能力があるなら、どんどん民間企業に出て働くべき。そのほうが本人のためになる。逆に、民間の人も能力があれば役人の仕事をする。それで何も問題はないはず。現にアメリカではそうなっているのだから。

もし、日本では官の抵抗があって官民の人材相互流通ができないというのなら、簡単にできる方法がある。それは、採用条件を〝学歴〟にすればいいだけ。なぜかと言うと、官僚には〝学歴〟がないから。

これを言うとみんな驚くのだけれども、世界で〝学歴〟といったら、それは学部卒の学士ではなくて、博士号をとったPh.Dの意味。すると、官僚ではほとんど該当者はいなくなってしまう。日銀総裁人事も博士号が必要とすれば、民間人が一気に有利になる。

このように、官僚のやり方を是正しようと思ったら、真っ向から正しく指摘すればいいだけなんだけれど、すると官僚はノラリクラリと躱《かわ》そうとする。

でも、ここで躱されてしまうのは、追及するだけの知識がないから。制度や法律などに知識があれば、役人がノラリクラリするのはかなり大変になる。

要するに、最後は知識の差。たとえば、特殊法人の役員募集に行政の経験が必要というのも、「行政経験」というのは明らかにヘンだから、「法を理解して執行できる経験」にすれば合理的で、ヘンではなくなる。

民間の人が役人を追及するとき、力が足りない大きな理由は、政策について話すときも法律の条文を読んでいないこと。マスコミの人がまさにそうだけれど、それでは役人と議論が成立しない。行政というのは、法律の執行機関という位置づけ。だから、法律を読まない人が来ても、議論にならないから相手にしない。民間の人、特にマスコミ人はもっと頑張らないといけないね。

これはよくたとえに出すことだけれど、日本政策投資銀行の改革をするときに、官僚は「完全民営化をする」を「完全に民営化する」と書き換えたことがあった。

〝完全民営化〟は株式会社にして株も民間が持つこと。でも、〝民営化〟は特殊法人や株を政府が持つ株式会社も含まれる。

このように、役人用語では民営化には3種類あるのだけれど、それはちゃんと文章を読んでいけばわかることだから、特にジャーナリストだったら見破らなくてはいけない。

マスコミが官僚の手管を見抜けないもうひとつの理由は、日頃から記者クラブで役人から説明を受けて、それを真に受けているから。これは政治家も同じ。法律を読んでちゃんと勉強すればわかるのに、それをしない。

だから、みんなもっと法律を読んで賢くならないといけない。特に、すぐに読む必要性があるのが、やはり政治家とマスコミ人。政治家は国民に選ばれているし、マスコミ人は報道でお金を稼いでいるのだから当然だよね。

民主党は、脱官僚依存できるのか？

民主党が掲げる「脱官僚依存」。これが「脱・官僚依存」の意味だったら、官僚依存体質から脱出すること。

だけど、いまの民主党がやっているのを見ると、「脱官僚・依存」。どういうことかというと、脱官僚（＝過去官僚）に依存しまくっている。

では、過去官僚と現役官僚、どこが違うのか？

実は、過去官僚には二通りの人種がいるわけ。過去の官僚のやり方を守ろうとする人と、本当に脱官僚をして時代に合う制度をつくろうとする人。この区別がつくようにならないといけない。

政治家もマスコミも国民も、この過去官僚の区別がわかるようにならないと、いつまでたっても本当の意味での脱官僚依存は実現しない。もっとも、民主党の政治家でさえ、同僚の過去官僚がいったいどっちなのか、ちゃんとわかっている人は少数だから、脱官僚依存は限りなく難しいのが現実となっている。

結局、知恵がないと悪い過去官僚にやられてしまう。ハッキリ言って、過去官僚には悪知恵がある。だから、気づくだけの勉強が必要になる。

官僚や過去官僚が従来のやり方を守ろうとするのは、生存本能からして仕方がない。でも、看守がいて「あの官僚、あの過去官僚がこんな悪いことをしている」と言えば、徐々に悪い官僚はいなくなっていく。その看守役がいないから、官僚はどんどんつけあがっていってしまうわけ。だれだって、〝私腹を肥やしてお咎めなし〟だったら、私腹を肥やすはずだよね。

では、どうすれば官僚が私腹を肥やさなくできるのか？

現状では、責任と権限の大きさのバランスが悪い。つまり、権限が大きなわりには、失敗しても被る責任は小さい。だから、権限と責任のバランスを取ることが必要だよね。

天下りの定義に隠された罠

さらに、官僚がやることに、キチンと監視するしくみをつくること。現状では、この監視がまったく行われていないことを示す良い事例が先日あった。

民主党政権が昨年、天下りの定義を閣議決定したけれど、その文書をちゃんと読んだ人はあまりいないはず。その中に、こう書いてある。

「府省庁が職員を再就職させることを天下りという」

この言葉に隠れた意味は、「大臣と官僚ＯＢによる斡旋は天下りではありません」となる。マスコミの人はこの意味がわからないから、役所に聞きに行く。すると、「省庁による斡旋はしない」と説明されて、やっと「ＯＢによる斡旋は天下りにならないじゃないか」とわかり、それで満足してしまう。

でも、本来この文書の致命的な問題点は、だれが「再就職させているかどうか」を判断するのかが抜けていること。だから、後に某官僚はＯＢの天下りに対して、「政府が天下りではないと言っているから問題ない」と答えている。一方、鳩山総理も答弁で、「役所に聞いたら斡旋はしていないと言っていたから問題ない」と。

これでは、なんでもあり。だから、再就職させているかどうか、斡旋かどうかをだれが判定するかが抜けているのが致命的ということ。もし判定するのが役所だったら、役所に聞いても「省庁による再就職・斡旋はなかった」と言うに決まっている。

この文書の欠落を見抜けなかったら、官僚とはまず戦えない。このように、天下りの定義にしても、最後は知恵の勝負ということ。

論理的に考えると、この文書は第三者の判定者がいない点が欠陥。そこがポイントなのに、マスコミは「ＯＢによる斡旋はＯＫ」という点にどうしても思考がいってしまう。判定者がいなければ事実上天下りかどうかの判定は不可能だから、ＯＢうんぬんは関係ない。

ふつうの文書だったら、「この再就職をだれがさせているかどうか、斡旋の有無については第三者の◯◯が判定する」と書く。結局この欠陥文書を出したのは政府で、天下りがとまらない責任を負うのも政府。だから、マスコミはそんな欠陥文書を出した政府を責めればいいのに、どこのマスコミもこの欠陥を見抜いて責めることができない。

政治家もマスコミも、そんな体たらくだから、官僚や過去官僚に負けてしまう。実際は、「だれが再就職させているかどうか、斡旋かどうかを判定するんですか？」と質問すればいいだけなんだけど……。

結局、ロジカルに追及できるマスコミや政治家がいないと、脱官僚依存はいくらやろうとしても、できないというわけ。

監視委員会を反故にした、鳩山政権

ロジカル能力は、第三者を説得するのに欠かせないもの。この能力が足りないと、まっとうに批判をしようとしても、ただ騒いでいるだけになってしまう。だから、政策に対してロジカルに追及する監視機関がなによりも必要になる。

このように、日本だと閣議決定にも監視の機能が働いていないから、おかしな決定に対しても、だれも文句を言わない状況になっている。そこで、行政の決定を監視する機関が必要だということで、安倍内閣時に法律で天下りを監視する再就職等監視委員会がつくられた。

ところが、鳩山政権が誕生したら、この委員会は反故《ほご》にされてしまった。なぜ、民主党は天下りを監視する委員会を反故にしたのかと邪推すると、この委員会があったら、民主党のウソ（天下りの斡旋は禁止と公約しつつ自ら斡旋している）がバレてしまうから。

本当は、鳩山政権にはこの監視委員会を再スタートさせなければいけない義務がある。そう法律に書いてあるのに、ムシしている。そんな鳩山政権が脱官僚依存とか言っているんだから、グチャグチャになるのは必定だね。そのうち、なんちゃって監視委員会を作るんでしょうけれど。なぜすぐ作らなかったのか！　そのミスは消えない。

監視委員会をスタートさせないことにしても、法律をちゃんと読んでいれば「鳩山政権は法律違反ではないんですか？」と言える。

でも、マスコミもほとんどの政治家も、この法律を読んでいないから気づいていない。だから、まずは法律を読むことが必要。もっとも、読んでも理解できないから言わないだけなのかもしれないけど……。

私は内閣官房参事官時代、つくった法律には政権が変わっても簡単には反故にならないような条文を埋め込んできた。政権が変わると、政策が反故にされることをいくたびも見てきたから。

このように、法律の中にさまざまな決定を監視する機能を埋め込んでいく。そして、監視がなされていなかったら、「天下りの監視委員会を、どうしてやらないのか、やらなければ法律違反だ」とマスコミや学者が事実を訴える。そうすれば、天下りの斡旋禁止にしても、うまく機能するかもしれない。それがこの国の政治をマトモにしていくための最適な方法でもあるのに。

もっとも、テレビ番組ではジャーナリストや学者が官僚批判をしているのは確か。だけど、その指摘の内容は的外れも残念ながらある。なぜ的外れかというと、彼らは情報をすべて役所からもらっているから、本当に官僚に都合が悪いことは知らない。

こうなってしまった根っこにあるのが、記者クラブ制。実は日本では、政府がやっていることの説明は、役所しかしない。だから、マスコミは役所（記者クラブ）にずっと詰めてただ、情報を取っている。

また、学者はすぐに役所に取り込まれて、〝御用学者〟になってしまう。学者は審議会の場で役人に物申す機会があるけれど、知識の量で役人に勝てない。だから、役所の軍門に下ってしまうことがよくある。

官僚は悪知恵に長《た》けている。なぜなら、悪知恵がないと、自分たちの存続に関わる。だから、真剣になる。その一方で学者は、悪知恵がなくても大学がある限り、なんとか生きていかれる。それで学者は官僚に負けてしまう。切羽詰まっていたほうが悪知恵も働くし、真剣度合いも高いから当然だけれど。

ここで官僚に性善説を期待する人もいるかも知れないけれど、それはあまりにナイーブすぎる。合理的に考えると、人は自分たちの給料や職がなくならないことを最優先するもの。これは日本だけじゃなくて、海外の役人でも基本的に同じ。でも、海外の役人が日本の役人みたいに天下り用に外郭団体をつくったりしないのは、ちゃんと監視するシステムが機能しているから。

ちなみに、私が会長をしている「政策工房」はいまのところ唯一、役所以外で行政の情報や法律の情報を提供しているけれど、役所にとって都合の悪い情報を得る場所が一般にないというのも、問題があると思うね。

事業仕分けは、仕組まれた公開処刑!?

ところで、昨年話題となった事業仕分け。ずいぶん評価が高かったけれど、私から見れば結局、政治主導のシーリングを決めないで官僚に予算をつくらせ、はみ出た事業を公開処刑しただけ（シーリングとは国の予算編成において、各省庁が毎年8月末までに財務省に提出する概算要求の前に、歳出の増大を抑制する目的で示される概算要求額の上限のこと）。

ということは、シーリング（上限）を政治主導で作ってはめておけば、それほどの事業仕分けなんて必要なかった。今回の鳩山政権では、経済財政諮問会議が廃止になり、シーリングも撤廃されている。

シーリングで要求を減らす、シーリングしないで要求させてあとから切る。どっちでもいいのだけれど、シーリングがあったらそもそも要求しなかったような予算（事業）がけっこうあったことから、「役所はこんな無駄な予算を立てているから、それを民主党が成敗してみましょう」というパフォーマンス（見世物）にしか見えない。つまり、シーリングをわざとはずして、はみ出たものを公開処刑しているだけ。

逆にシーリングを決めると、密室ではみ出たぶんを切り、透明性がないという議論もあるから、公開するのもある程度はいい。それでも、シーリングをはめていたら、あんなにたくさんの処刑案件は出てこなかった。そう考えると、事業仕分けの是非は、公開処刑と密室処刑（シーリング）のどっちがいいのかという比較論の話が本筋だね。まあ、シーリングを設けて、その上で事業仕分けするのがいいと思うけど。

また、今回の事業仕分けでは、すでに方針が決まっているのに、さもあの会場で方針が決まったと見せている案件もあった。

たとえば、会場である財務省管轄の印刷局市ヶ谷センターは、私が内閣府にいたときにすでに売却と決まっていた。それを、さもいま「売却が決まりました」と。

過去に売却と決めたことを改めて売却と決めるのは、実は公務員にとってはありがたいこと。なぜなら、政府の決定が出ても、今後また別の決定が出るかもしれないから、役人は決定済みのことを検討中と言えてしまう。つまり、また政権が変わると、決定が覆る可能性があるからサボタージュできるわけ。これは最悪。やってはいけないこと。

また、この印刷局の仕分け結果はひどい。市ヶ谷センターは仕分け対象にしないのかと皮肉ったら、急遽最終日に「仕分け対象です」と言って、決定済みの売却でお茶を濁しただけでなく、一度財務省から分離した印刷局・造幣局を再び国に戻すという、役人の焼け太り結果になった。

これは、天下りが厳しくなったので、国の組織に戻れば、天下りではなく、役所の中での「人事異動」となって、堂々と「天下れる」という魂胆があるから。行政刷新会議さん、いくら財務省に事業仕分けを手伝ってもらったという借りがあるとしても、これはあんまりな結果ですね。

また、国の予算先には、事業系のものと制度系のものの2通りがある。事業系は事業だから仕分けするのはいいこと。公開の場でやるのも透明性があっていい。ただし、国の予算は、実は事業系よりも制度系のほうがはるかに大きい。この制度系は政策として必要なものだから、本来は事業仕分けの対象外のはず。

でも、猪瀬直樹さんがやっていた周産期医療への補助金は縮減対象になった。これは国や地方公共団体などが折半して出すしくみ。それを国だけが一方的に縮減したら、地方が困るだけ。だから、猪瀬さんが怒るのも当然だね。このように、予算の大部分は地方と話し合いながらでないとできないということ。

事業系の縮減はいいけれど、あの程度では全体からすると、わずかで限界がある。もっというと、事業系は地方に多く国には少ない。だから、国が事業仕分けをさらにやると、あっという間に仕分けるものがなくなってしまう。もし、事業仕分けの第二弾、第三弾があるとしたら、ちゃんちゃらおかしい。

そもそも国は、事業なんて基本的にはやらないもの。公の事業とは、本来地方自治体の仕事。だから、正しく事業仕分けすると、みんな「その事業は国から地方に移管することに決定。そのうえで縮減か廃止かを決定」となるから、早晩事業仕分けのネタはなくなることになる。

極論すると、「一括して国の事業は地方へ移管で決定」で終わってしまう（5章を参照）。

このあたりの事情を、今回民間から選ばれた仕分人の人たちはよくわかっていない。だから、「画期的な試みだ」みたいに絶賛する仕分け人もいる。でも、やり方としてはもっと効率もいい、いろいろな方法がある。

いまのところ、まだ事業仕分けは評判がよくて、政権の支持率の下支えになっているようだけれど、やがてこの裏事情が明らかになって、批判が出てくるだろうね。

こんな状況だから事業仕分けは結局、支持率を上げるためにつくられたパフォーマンス――そう思われても仕方がない。事業仕分けを見て両手を挙げて拍手するようなおバカになっちゃいけませんね。

埋蔵金は、だれのもの？

事業仕分けでは、当初1兆8000億円を削減したなどと、日経新聞などで報じられていたけれど、最終的には約7000億円。しかも、1兆8000億円といっても、その中身を見ると1兆円くらいは基金といって、独立行政法人などにある埋蔵金だった。

でも、あの埋蔵金は、実はすぐに政府にもってくることはできない。なぜかというと、埋蔵金があった場合、そのお金は独立行政法人と国が折半するという法律があるから。

だから、せいぜい1兆円の半分しか国庫には入らない。みんなこの法律を知らないのだけれど、要は制度がヘンなわけ。なぜ、ヘンなのかというと、役人が法律をつくるから（笑）。

渡辺喜美さんが行革担当大臣のときに、「埋蔵金の国と独法の折半はおかしいから根こそぎ国が取れるように法律改正をすべきだ」と、私たちは安倍さんと渡辺さんに提案して、実際法案を出した。でも、どうなったかというと、民主党が反対してボッになってしまった。

いまなら民主党はその法案を出したいだろうけれど、ちょっと前に反対したばかりだから、出せない……。それで民主党は埋蔵金の活用と言っているだけ。「なぜ、あのときに賛成していなかったのか」と、いまとなっては悔やまれるばかりだね。これでは、民主党には埋蔵金の活用なんて、そもそも真剣にやる気がないともとれてしまう。まあ、そうは思いたくないけれど、単純に自民に反対という事情から、「埋蔵金根こそぎ法案」にも反対したと信じるしかないね。


ただ、この事業仕分けは予想以上に大人気になってしまったから、今年は埋蔵金を折半ではなく、全額国庫納付にする法案を出してくると思うけれど、かっこ悪いから他の法案とゴチャゴチャ混ぜて出してくるはず。そうなったら、「あのとき民主党は反対しませんでしたか?」と言ったら、民主党は本当に困るだろうね。

それにしても埋蔵金は独立行政法人と国が折半にするという法律があることを、マスコミの人もほとんどだれも知らない。そういう大事な事実を、みんなが知らなさすぎだよね。

地デジ予算縮減の理由とは

事業仕分けから見えてくる鳩山政権の体質の事例をもうひとつ。今回、地デジの普及促進事業の概算要求は３０７億円と昨年の倍額だったけれど、事業仕分けで半額に縮減となった。地デジの普及率は予想よりも伸びていないので、縮減になったら、そのぶんだけマスコミ（テレビ局）の事業負担が増える。

ここで、ふつうだったらマスコミ各社は怒り心頭に発して「縮減反対」の大報道をするはずだけれど、縮減は伝えても、反対を伝える報道は皆無……。

さて、なぜマスコミは反対と言わないのか？

ここからは私の推測（合理的な）になるのだけれど、過去の例から考えると、ふつう地デジ予算が減ったらマスコミは反対の狼煙《のろし》をあげているはず。

地デジでは、デジタルにすることで周波数帯を縮めることが可能になり、空きスペースが生まれる。デジタル化で生まれるこの空きスペースは、世界各国を見ると、みな政府がオークションで新たな参入者に開放し、それで新規参入のベンチャー企業が入札で局を手にして放送を始めている。

でも、この事態は既存の放送局から見ると、死活問題になる。今まで日本の放送業界は、電波行政によって新規参入はさせないという前提でやっていたから。

だから、オークションで新規参入となったら、既存テレビ局の大打撃は免れない。それで自公政権時代はオークションと開放は行われていなかった。

ところが、民主党のマニフェスト（INDEX2009）には、「適当と認められる範囲内でオークション制度を導入することを含めた周波数割当制度の抜本的見直し」と、オークションを行うことが示唆されている。それが、いつの間にかオークションの採用は取り下げている……。

なぜ、取り下げたのかの理由を考えると、事業仕分けのときに取引があったのかもしれないと邪推してしまう。テレビ局側は「縮減ぶんを負担するから、オークションはしないでくれ」と。「地デジ予算は半額に縮減」と、ほぼ同時に「オークションは見送り」という発言を照らし合わせれば、バーター取引だなと簡単に推測できる。だから、地デジ予算縮減に関しては、マスコミがほとんど報道しないのだろうね。派手に報道したら、とたんに「裏取引」したことがバレてしまうから。

ほかの国だったら、オークションをやって得たお金で地デジ移行の予算にするのが常識になっている。アメリカでは昨年6月に地デジ完全移行したけれど、アメリカも完全移行時に対応テレビを持っていない人が大量にいるという問題があって、全員にタダでチューナーを配った。膨大な予算だけれど、その出元はもちろんオークション。入札によって新規参入させれば、1兆円くらい簡単に入ってくる。このことも、なぜか日本ではほとんど報道されていない。

本当は、地デジ予算が削減されたら、「なぜテレビ局は問題視しないのか」と疑わないといけない。こう言うと、「ニュースにならなかったのだから知らなくても当然」みたいに思うようだけれど、事業仕分けの模様はインターネットで常時中継されていたし、すべての結果もネットには載っていた。

そういう一次情報だけをよく見ていれば、鳩山政権の本当のところが見えてくる。余談だけど、ニュースというのは〝出来レース〟の結果を話しているだけで、ことの真相や本質がわかるわけではない。だから、ロジカルに真相に迫るには、新聞と雑誌は極力読まないこと。たんなるノイズだから。

情報源として、本当に必要なのは役所が出した一次情報だけ。たとえば、国会の質問題意書、法案、予算書など。あとは海外のＩＭＦやＯＥＣＤなどが出した報告書の原文（日本語の要約は肝心な部分が省かれていたりするから信用できない）。それらをしっかり読み込めば、いろいろなことがわかってくるんだよね。

民主党の行末は大増税か⁉

このように民主党のやっていることは、世界の常識から見ると、まったく合理性のないことばかりになっている。しかも民主党が大上段に掲げた「脱官僚依存」は、実態はというと完全な官僚依存体質。

もう少し正確に言うと、鳩山政権は財務省にベッタリ依存している。でも、脱官僚を公約にしたものだから、財務省には依存するけれど、代わりに厚労省、農水省、国交省は叩きに叩くという、わかりやすい構図になっている。

こうして帳尻をあわせて民主党が目指しているのは何かというと、ひとえに民主党政権の維持。政権である以上、権力はず〜っと保持し続けていく。要するに、一党独裁を目指しているとしか考えられない。

それは小沢幹事長のやり方を見れば一目瞭然。政権に先立ってまず党があって、党が大事なことはすべて決める。これは中国の共産党政権とまったく一緒。中国共産党には、「中国政府を指導する」という憲法がある。だから、中華人民共和国〝主席〟が国の中でいちばん偉く、最高指導者と呼ばれている。

小沢さんも民主党幹事長じゃなくて、日本国〝主席〟と理解すると、小沢さんの立場はすごくわかりやすくなる。政府は党主席の言うことには絶対に服従。

そう考えると民主党の実態とは、小沢さんが最高指導者で、財務官僚に依存する。では、そんな民主党がこのままいくと、どうなるのか？

答えは簡単に読める。３年後ぐらいに、財務省が「もうお金が尽きました。増税と言ってください」と言い出し、大増税となる。

財務省は消費税を上げたい。民主党は選挙に勝つための資金をどんどん財務省に出させたい。たくさんお金を出せば、財政はますます悪化するから増税しやすくなる。つまり、民主党と財務省は完全に利害が一致しているということ。

だから、民主党は３年後くらいに「消費税アップ」で選挙を迎えざるをえなくなる。自民党は消費税アップと前から決まっているから、結局次の選挙ではどっちの政党になっても増税。財務省は、どっちに転んでも増税になるように仕込んでいるのかもしれない。

消費税は何%アップするかはわからない。でも、二大政党になって、両政党から増税が出てきたら、100%増税で決まり。

ストーリーとしては、民主党は支持団体や浮動票層が喜ぶ政策にお金をどんどん使い、財務省はそれを受け入れてギリギリになったときに、「総理、もうお金が足りなくなりました」と言うだけ。財務省の〝ひとり勝ち〟ということだね。

官僚に自浄力はあるのか?

どうせ財務省のひとり勝ちなら、いっそ官僚機構に「この国をなんとかしてくれ」と絶対的な権限を与えしまう。もしそうしたら、どうなるか?

彼らは選挙で落選することもないから、もっとひどいことになってしまう。そうなったら、「国民のみなさん、明日から増税ですよ!」という話になる。

あくまで官僚は政治の下部機構でしかないのだから、結局、官僚制度を変えられるのは政治家しかいない。でも、民主党政権は財務省に依存しているからできない。そんな政党を選んだのも国民なんだから、これはもう仕方がないね。

そもそも民主主義は衆愚政治を前提としている。政治家はおバカなことをやるけれど、帝国主義や独裁みたいな大きな間違いは起きないだろうということ。おバカだけれど大きな間違いはやらない民主主義か、優秀だけど豹変して大きく間違うかもしれない独裁主義。それで歴史は民主主義を選んだ。しょせん民主主義ではいい政治家や政策は出にくいのだから、衆愚政治になるのは仕方がないということ。

では、官僚機構に自浄を期待することはできないのか？

そう問う人もいるかも知れないけれど、それはムリ。少なくとも何人かは純粋無垢な人もいるだろうけれど、純粋無垢でやっていると、衆愚から出てきた政治家の滅私奉公状態になってしまう。だからムリというわけ。

かりに自分が官僚だったとして、天下りしてろくに働かず、年収３０００万円もらっているとする。しかし、このままだと国の財政は10年後に破綻することもわかっている。そのとき官僚は、こんなふうに考えるはず。

あと9年間で３０００万円もらって２億７０００万円あれば、その後は海外に移住すれば生き延びられる——そう考えるのが、一番合理的だから。
それは「けしからん！」とか「人の倫に反する」と言う人もいる。でも、これは損得の話だから道義的な説得では、効く人と効かない人がいるのは仕方がない。実際役人で道義的な説得はまったく効かないという人はいっぱいいる。だから、道義的な説得は効かないことをベースに物事を考えるしかない。

もっとも道義的な説得がまったく意味がないとは言わないけれど、決定的には効かない。だから、官僚の自浄に期待するなんてナンセンス。
では、どうすれば官僚機構を変えられるかという命題に対しても、人間は自己利益のために生きていることを前提に、ロジカルに考えていったほうがいい解決策が見つかる。制度や仕組みをつくるときも、ロジカルに過程を積み上げていかないと、うまく回るものはつくれない。刑法だって、みんなが道義的だったらいらなくなる。だから、官僚とは道義ではなく、ロジカルで戦っていくしかないということ。

官僚とは法律で戦え！

昨年12月の臨時国会で、病院や介護施設などを設置・運営する独立行政法人・地域医療機能推進機構法案というものが出されている。

これは、地域医療拡充のための新たな独立行政法人を設立するという法案。民主党は、独立行政法人は廃止する（徹底的に見直しをする）と言っているのに、新たな天下り先となる独立行政法人を設立する法案を堂々と出している。でも、「公約違反だ！」「天下り先を増やす！」と、批判する人はだれもいない……。

そもそも、この法案が臨時国会で出たことを知っている国民もほとんどいないはず。かりにだれかが民主党の副大臣（過去官僚）に、「なぜ、独立行政法人の全廃を掲げている民主党が新たな独立行政法人を設立する法案を出すのですか？」と尋ねるとする。すると、どう答えるのか？

「地域医療は目下、重要な問題になっていますから放置できません」と答えるはず。ここで多くの人は、「地域医療は確かに重要だから仕方ない」。それで終わってしまう。

でも、法律を良く知っていたら、「地域医療は重要な問題だから例外」と言われた段階で、次のように答えることができる。
「独立行政法人というのは、地域医療を拡充させるためのひとつのツールでしかなくて、独立行政法人では公約違反になるから、地方共同法人にしたらどうですか？」と。そう言ったら、ほとんどの民主党の政治家は答えに詰まってしまうはず。

地方共同法人とは、地方のための法人で、この法人なら独立行政法人と違って、厚労省（中央）からの天下りはなかなかできない。この法人は、平成13年の特殊法人等整理合理化計画によって、地方にとって重要だけれど、国の機関が実施する必要性はない事業の実施主体として設立される法人のこと。

こういう制度があることも政治家は知らないで、議論・決定しているのが、いまの国会の姿。昨年の臨時国会でも、この法案以外に8個の法案が出ているけれど、その内容をだれも詳しくは知らない。ほかにも出されている法案が100個以上あるけど、これを全部判断するのは一人ではムリ。だから、官僚はその隙を衝いてくる。
とはいっても、官僚というのは、制度という法律のもとでしか動けない。天下りにしても、天下る特殊法人や独立行政法人は、すべて法律を根拠に成り立っている。

つまり、官僚は法律を通さないとなにもできないということ。

だから、天下りをとめたいなら、そもそも法律を通してはいけないということになる。

でも、その法律を認めているのは政治家であり、マスコミであり、国民。ハッキリ言うと、国民の知らない間に法律が認められて通ってしまっている。

「天下りは許されない」と、盛んに取り上げるマスコミも、特殊法人をつくる法律が出たときは、ぜんぜん批判しない。これじゃあマスコミはマッチポンプと言われても仕方ない。だから、国民は法律が出たことを知る由もないし、天下りもなくならないというわけ。

タバコ税をめぐる、財務省の利権

余談になるけれど、昨年末にタバコの増税がすったもんだの末、１本５円（一箱標準１００円の値上げ）で決着した。

このたばこ増税の過程では、「増税すると喫煙者が減って、医療費が2兆円ほど減る」という話が出ていたけれど、この数字はかなり怪しい。

現状、たばこ税は年間約2兆円。では、世の中全体が被るタバコの害（経済コスト）とは、なにか？

まず吸っている本人の健康被害で、肺がんなどの疾患。加えて、回りの人が被る受動喫煙がある。さらに、タバコを吸っている人の生産性が落ちるという害もある。吸っている本人は依存症になっているから意識ができていないかもしれないけど……。

これらの経済コストはちゃんと計算されていて、実は年間約5兆円にもなる。だから、もしタバコを禁止にしたら、税収は2兆円減るけど、差し引きでは3兆円のプラス。だから、他の国ではタバコに関して税金や吸う場所も厳しくなっている。でも、日本は先進国の中で、例外的にタバコに関して規制や徴税が緩い。なぜ緩いのか？

その理由は、監督官庁が財務省だから。

たばこ税の条文には「我が国たばこ産業の健全な発展を図り、もって財政収入の安定的確保および国民経済の健全的発展に資することを目的とする」と書いてある。

このように財務省だから税収の観点一辺倒で、健康の観点はゼロ。

わかりやすく言うと、「喫煙者の皆さんを生かさぬよう、殺さぬように税金をとる」。だから、財務省は喫煙者が減らないように、１本１円のように徐々に値上げをしてきた。

たしかに、徐々に上げても、やがて吸わなくするなら正しい。それは環境税と同じで、税率を上げていけば長期的には効果が出る。ガソリン税も高くすれば消費量は減るから。

たばこ税も上げれば徐々に消費量が減って、環境と健康を考えれば国全体としてプラスになる。当面は国の医療費は減る。

他の国でも、このように健康の観点から考えるから、一箱６００円とか、１０００円と高い。アメリカはあまり高くないけれど、その代わり公共の場はもちろん外でも喫煙禁止になっている。つまり、どの国でも思いっきり高くするか、喫煙場所を思いっきり限定するかが標準になっている。

このあたりの事情は海外旅行をするとよくわかるけれど、その差は監督官庁の違い。日本だけ財務省だから緩い。言い方を変えると、日本だけ税収確保のためにタバコを吸わせているとも考えられるということ。

おまけに、ＪＴには財務省の役人がけっこう天下りしている。財務省の人はタバコの害を良く知っているから吸わない人が多いけれど、タバコを吸わないことを隠して天下っている。ＪＴはとっくに公社ではないけれど、政府が株を持っているから国策会社。

だから申し訳ないけれど、喫煙者は、天下り確保のためにニコチン依存症にされてしまっているとも言えるかもしれない。

もう財務省を恨んでもいいくらいだね。

繰り返すけれど、天下りのために国民をニコチン依存症にしているのは日本だけ。禁煙することは難しいけれど、一気に値段を高くすれば、やめる人も増える。でも、「生かさず、殺さず」だから、財務省は高くはしたがらないわけ。

今回の１本５円は、生かさぬように殺さぬようにとの妥協の産物だから、それ自体に意味があるともいえない。

そこで解決策はタバコの値上げだけを考えるのではなく、ＪＴを天下りが横行する国策会社にしないために、政府の持ち株を処分してふつうの民間会社にすること。一方で、健康被害という観点から喫煙に関する環境や値段の規制を強化する。すると、ＪＴはタバコでは利益が出にくくなるから、売る数をどんどん減らし、食品など他の事業をメインにやる会社にならざるを得ない。

フィリップ　モリスやブリティッシュ・アメリカン・タバコはそうなっている。それで多くの人が禁煙できてハッピーになれる。天下りが国民のためにならないという いい事例のひとつだね。

第3章　格差問題の本質とセーフティネットの理想

セーフティネットとは、なにか

抽象論の世界では、資本主義における国民生活は自由（市場）主義とセーフティネットの両輪が機能して保たれると言われる。

これはその通りで、もし今後も日本経済がずっとデフレだとすると、勝ち組の人は自分の財産価値が相対的に上がるからいいけれど、負け組の人は本当にキツイ。そこでセーフティネットが重要になってくる。

そもそもセーフティネットとは、個人が経済的に落ち込んでしまったときに、100％ではないものの国からの支援があること。たとえば、歴史的に見ると、どの国でも昔は失業（雇用）保険というものはなかった。大恐慌のあとに各国でこの制度がつくられていくのだけれど、それ以前は失業したら「あんたねぇ、もっと頑張りなさいよ」という世界。

それが制度化された理由は、失業には個人の意志や能力に帰すものと、個人の意志や能力を超えたものが時々あることがわかったから。だから、自分の落ち度や能力に反した失業については、社会が面倒をみるべきという考え方が出てきた。そして、その事態がだれにでも起きうることから保険という形で、みんなで助け合おうとなった。

このような失業保険がセーフティネットの典型例。これは保険という形だけれど、国がやることでセーフティネットになる。また、生活保護も失業保険と同じように、個人の能力を超えてある日突然、貧困に陥ることを想定して、国がある程度の支援をするという制度。

セーフティネットとは、このように能力とは関係なく、偶発的に貧困に陥ったら、その人をちょっと助けるというのが趣旨。この「ちょっと助ける」というのもポイント。めいっぱい助けてしまったら、だれも努力をしなくなるから……。

努力しなくても、してもまったく同じだったら、この世から努力する人がいなくなる。そこで貧困に陥った人全員ではなくて、そのうちの何割かを支援するという形になる。全員を無期限・無制限に支援したら、努力しようというインセンティブが出てこなくなり、これは社会全体で大きなマイナスになってしまうからだね。

ミニマムインカムは、現実的か

最近、格差問題の中で学者やマスコミがよく「導入すべき」と言うようになったのが、〝ミニマムインカム（最低限度の生活を保障するための金額を国が全国民に配る制度。ベーシックインカムもこれと同じ制度と理解されている）〟。でも、これはちょっとセーフティネットの思想とはズレている。

ミニマムインカムとは、働いても働かなくても最低限度の収入は国が保証してくれるという意味。すると、最低限度の金額を稼ぐために働いている人が気の毒になる。これでは、最低限度近辺の人は働くインセンティブがなくなるから、これをミニマムインカムと呼ぶなら、制度的にちょっとおかしくなるわけ。

つまり、働かない人と収入が同じ、あるいは働いても収入が増えないという形になっていたら、その制度は明らかにヘン。一方、いまの生活保護の場合、東京だと月12万円くらいだけれど、ちょっとだけ働くと給付額は減る。でも、働いた分の給料と給付額を合わせると、12万円を少し超える。

このように、いまの日本の生活保護制度は、大恐慌以後に出てきた社会保障制度の中でも、制度としての完成度はかなり高まっているけれど、ただし問題点もある。それは、対象者の選び方が恣意的なこと。区役所の福祉課の職員さんが認定するのだけれど、その認定基準がわかりにくい。

要するに、簡単に保護費が出る市町村と、すごく厳しい市町村があったりする。それは、判断基準が福祉職員個人に委ねられていて、客観性に欠けるから。だから、所得基準だけによって認定して、働いたら、ちょっとずつ収入が増える仕組みに直したほうがいい。ミニマムインカムも、このような形になっていないと、働くインセンティブが出ないから欠陥ともいえる。

では、現実に導入可能なセーフティネットとはなにかというと、最低限に届かない人に届く分を給付する形で、働かない人はやはりゼロという仕組み。そして、最低限をいくらにするのかは高所得者からいくらもってこられるか、高所得者がいくらまで許容するかで決まるわけ。これがセーフティネットの基本的な考え方。

誤解している人も多いようだけれど、セーフティネットは、あくまでも所得再分配の話（所得税や相続税などの枠内）。だから、国の中でお金持ちがどれだけ貧乏人を助けるかという問題であって、政策や予算を組み直すことで、無条件に国民全員に最低限の金額をうまく配れるようになったりするということではない。

言いにくいのだけれど、国の経済の価値を生み出しているのは現実としては高所得者。その人たちが「貧乏な人にそんなにたくさん払わされるのはイヤだ」と言って、国外に出て行ってしまったら、国が成り立たなくなる。だから、これは累進課税におけるバランス配分の問題で、「それでも日本にいたい」と思うレベルで、いかに高所得者から頂くかという話。

所得の捕捉で、セーフティネットが完備⁉

要するにセーフティネットは、ミニマムインカムにしても生活保護にしても、ちゃんと所得基準によって、働いたらそのぶん増える仕組みになればいいのだけど、それが日本ではどうしても曖昧になっている。

また、高所得者層から貧困層へ所得を移転する際に、高所得者層からフェアに税金を集めることも日本では、けっこう難しいのが実態。

なぜかというと、ひとえに所得を厳密に捕捉（把握）できないから。お金持ちも貧困層も、その収入をちゃんと把握できなければ、ちゃんとしたセーフティネットの導入はできない。そこで必要になるのが「納税者番号」や「社会保障番号」の導入。要は、番号によってどこでも所得をしっかり捕捉できるようにすること。捕捉するには、やはり「番号制」がいちばん簡単。もはやコンピュータ社会だから、好むと好まざるに関わらず、番号による「管理」は必要悪なのでしょうが……。

サラリーマンの人だと、自分の給料は会社経由で税務署に捕捉されているからわかりにくいかもしれないけれど、自営業者の所得は正確には捕捉されていないのが実態。自営業者はみんなイヤがるけれど、捕捉することによって、いちばんフェアにみんなが社会の経費を負担できるようになる。

では、自営業者の所得をしっかり捕捉すると、どのくらいの経済的インパクトがあるのか？

これは俗に「地下経済（風俗や犯罪がらみのビジネスなど、表に出ない取引）」と呼ばれる世界。統計数字がないから、好き勝手にその総額を言えるのだけれど、この地下経済の研究は世界各国で行われている。

それを見ると、どんなに少ない国でもＧＤＰの２％。だから、日本で地下経済をあぶり出すと、少なくとも10兆円は出てくる。これを税収にすると、だいたい２兆円は出てくる計算になる。つまり、２兆円ぶん税収が増える。

ただし、２％は少ない国の場合で、ふつうの国は５％とされているから、25兆円になって、税収は５兆円増える。これだけあると、最低限に届かない人にその分を支給するミニマムインカムは導入できてしまう。

もちろん日本の地下経済の額はわからないから仮定の話だけれど、日本は他国よりも現金取引が多いからもっと額は大きいはず。地下経済は、現金取引が多いほどその額も多いといわれる。特に飲食系などの現金商売の売り上げは、かなりいい加減。

そもそも現金をよく使う理由は、取引を秘密にしたいからなんだよね（その結果として、税務申告もいい加減）。ヤミの世界はみんな。

それで納税者番号を導入すると、どうなるかというと、少なくとも従業員の金融取引（銀行・クレジット口座歴）が捕捉できる。税務署は納税者番号による銀行預金やクレジット履歴などを見ることで、格段に税の補足がやりやすく、脱税を摘発しやすくなる。

いま日本では、銀行口座に納税番号は付いていない。一方、アメリカでは納税番号（実は社会保障番号で代用している）がないと、銀行口座が開けないので、そもそも生活ができなくなる。すると口座への入金はチェックされると思うから、怖くなって、みんなちゃんと申告するようになる。また社会保障番号がないと、運転免許もとれなくて、日常生活に支障が出てしまう。

直感で言うと、日本の地下経済は25兆。だから、納税者番号があればちゃんとしたセーフティネットの整備が簡単にできて、しかもお釣りがくる。

ちなみに、社会保障番号制による所得税でしっかり補足できれば、理論上は法人税も必要なくなる。その代わり所得税は結果として増えるけれど。アメリカは、ＩＤ（社会保障番号）によって所得税をしっかり捕捉している。だから、法人税は安くなっている。

そもそも法人は人の集まり。法人と個人、両方で徴税していたら、本来はフェアとはいえないかもしれない。

アメリカの「給付付き税額控除制度」とは？

この納税者番号の話は、私が01年に経済財政諮問会議で関わった「社会保障個人勘定」構想の一部。

この構想は、年金、医療、介護、生活扶助などの社会保障と税金の支払いを、個人単位の口座で一元管理しようというもの。これによってトータルの給付と負担が明瞭になって、老後の不安をなくすことにつながるというアイデアだった。この構想が早く実現していれば、その中には年金勘定も含まれているので、年金問題の解決法にもなったはずで、あれほど年金問題がひどくならなかったはずだけれど。

でも、この構想は、何回も厚労省に否定されたあげく、年金問題が勃発した後に、ようやく厚労省の「医療・介護サービスの質向上・効率化プログラム」の項目の一つという形になったけれど、そもそもの趣旨は「社会保障と税の統合化」という世界の潮流を背景に出てきたもの。

社会保障と税の統合のルーツは、ノーベル賞を受賞したアメリカの経済学者、ミルトン・フリードマンが45年前に提唱した「負の所得税」のこと。

負の所得税とは、所得税と公的扶助制度（生活保護）を組み合わせて、所得が最低限を下回る人には「マイナスの所得税＝給付」を行うといったもの。

でも、これだと所得ゼロでも給付が受けられることになるから、逆差別を生むと実現はしなかった。要するに、さっき説明したように、働くモチベーションがなくなると。

そこでアメリカ政府が労働供給を促進することを目的に導入したのが、「勤労所得税額控除（給付）」。これは職に就くことを税額控除の条件として、もっとも所得が低い層では所得が増えるほど給付金が増加し、所得が一定水準を超えると、給付金が徐々に減少するようになっている。

ただ、給付金と所得の手取りの合計は増加する（次ページの図表③を参照）。さらに、アメリカでは子供の数に合わせた税額控除（給付）も97年に導入して、これらを合わせて「給付付き税額控除制度」と呼ばれている。

この制度だと、たとえば週に数時間しか働かないで月収が1万円の人の場合、課税最低限に届かないから支給があり、可処分所得は1万5000円。また月収が10万円くらいの人なら、年収は120万円だから可処分所得では140万円くらいになると

図③　社会保障と税の統合

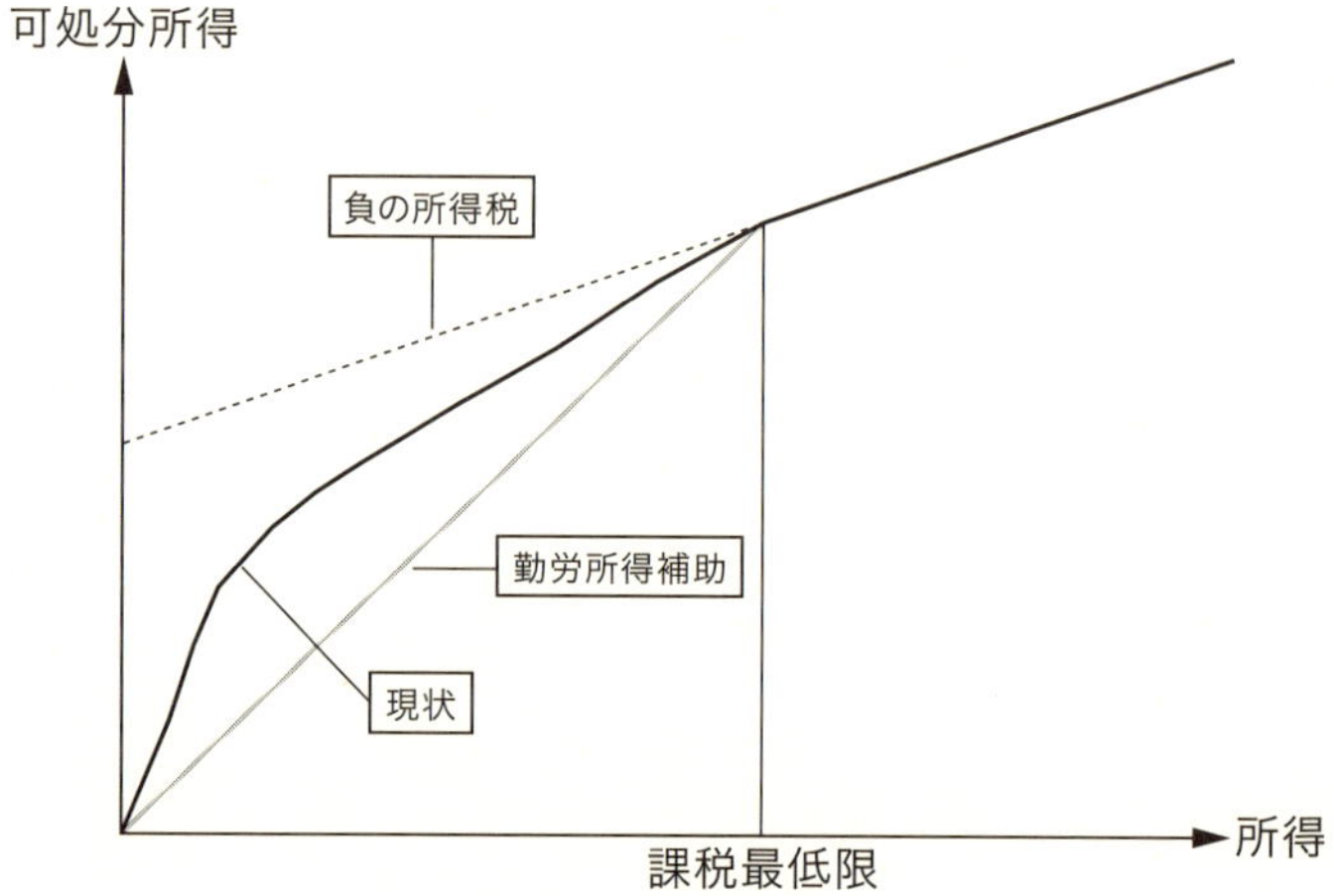

いったイメージ。

これはあくまでもイメージだけれど、もちろん、この制度ではまったく働かない人は、支給もゼロ（働いている人だけが対象で、物理的に働けない人は他の制度で救済する）。

この制度が優れている理由の第一は、社会保障（生活保護や失業保険など）と税額控除（減税と給付金）が一体となっているため、それなりに給付があるので、「貧困の罠」を回避できるということ。

さらに、所得再配分効果が高まり、生活保護（扶助）の認定が所得基準と恣意性が排除できる。よって、最終的には行政組織のスリム化にもつながる。

この「給付付き税額控除制度」は、いまやアメリカ以外でも、イギリス、カナダ、フランス、アイルランド、ベルギー、ニュージーランド、韓国などでも導入されていて、03年に採用したイギリスでは、貧困層の減少と経済の安定化に寄与したと評価されている。

どこの国でもこの制度を執行するのは税務当局で、そこで使われているのが「納税者番号」。もっとも社会保障番号をもつアメリカでは、不正給付が約3割もあって、納税者番号が不正給付撲滅の決定打とまではいかないけれども……。

とはいえ、日本もこの給付付き税額控除制度と納税者番号を整備すれば、安心社会保証（セーフティネット）が実現する。加えて、ITインフラをうまく活用すれば、行政組織のスリム化と行政手続きのワンストップ化にもつながる。そうなれば国民負担が減ると同時に、国民の満足度がかなり高まると思うね。

年金制度は、破綻するのか？

次に国民の多くが不安を抱いている年金制度だけれど、これについては大きな誤解がある。

日本の年金制度についてよく言われるのは、「少子高齢化によって現役世代の負担が増加し、やがて破綻する」という話。でも、これは誤解を招く見解。

なぜなら、破綻することは制度上ありえない話だから。少子高齢化が進んだら、それに応じて受給世代のもらう金額が少なくなるだけ。そういう制度になっている。

現在の年金制度の基本的な計算方式は次の通り。

（20歳～60歳）人数×保険料＝60歳以上人数×保険金額

と、いたってシンプル。この数式しかない。人間の数が減っていけば保険金額も少なくなっていくだけなんだね。だから、破綻するという人の意見を正確に言えば、自分が思っているほど年金がもらえなくなるということだと思う。でも、「どのくらいもらえると思っているのか」と聞くと、ほとんどの人は答えられないはず。ということは、破綻というのは漠然とした不安で、先ほどの社会保障口座にすれば、その不安は少しは和らぐだろうね。

また、もうひとつ、年金制度に関するよくある誤解は、保険料は蓄えられているという認識。年金の方式には2種類あって、ひとつは積立方式。もうひとつは賦課方式。積立方式というのは、自分が毎月積み立てたものをだれかが運用して、将来そのぶんをもらうもの。

これはイメージしやすくて、多くの国民は、国の年金とはこうなっていると思い込んでいるけど、実は違う。これに対して、賦課方式は、いま現役世代が支払った保険料を、同時に受給者に渡すもの。だから、貯めたり、運用したりしないというわけ。

国民年金も厚生年金も、原則としてこの賦課方式を採用している。それなのに、厚労省は、修正積立方式と説明するから、みんな混乱してしまう。はじめに年金ができたときには、完全積立方式だったけれど、徐々に賦課方式の要素が加わったから、修正積立方式と、厚労官僚は説明する。

ただ、数字で割合をいえば、9割方は賦課方式。だから正しくいえば、ほぼ賦課方式といったほうがいい。要するに、払った保険料の9割くらいは、いまのお年寄りに配られて、自分のために残るのは1割くらい。だから、払った保険料がどこかで自分のために積み立てられているわけではない。

こういう年金の運営方法だから、保険料は現実的にそんなに高くはできないから、20歳〜60歳の人数が減ったら、減った人数に応じて受給額も減っていく。

なぜ、この賦課方式が採用されたかというと、だんだんと年金給付額が増えていったから。それに重要なのは、年金がスタートするときは、それまで積み立てしていない人も年金をもらうから、どうしても、そのときに保険料を払った人からお年寄りに払うことになる。だから、どの国でも、遅かれ早かれ賦課方式を採用せざるをえないというのが実情。

まあ、人口ピラミッドが変わらなければずっと同じだけれど、労働力人口と平均寿命の変化で保険料と金額は変わる。

基本的には、出生率が2・0以上であれば、労働力人口も、60歳以上の人口も、どっちも増えていくから問題はなにもない。

でも、出生率が２・０を下回ってくると、比率で労働力人口が減って、長生きする高齢者の人数が増えてくる。いまの日本がそうだけれど、そうなると、数式のとおり保険料を上げるか、受給額を減らすかで調整するしかない。

ちなみに、「国民年金は未納者が増えているからやがて破綻する」というのも間違い。払わない人は単純にもらえないだけだからあまり関係ない。ただし、その分、生活保護が増えるかもしれない。

このように年金制度は、制度的にはあまり問題もない。どこの国も似たような年金制度だけれど、日本だけ決定的に悪い制度というわけではない。だけれど、察するにマスコミが煽っている年金破綻というのは、「受給額がこれ以上下がるのは許せない、イヤだ」というのが真意なんだろうね。下げなかったら、当然破綻するから。

つまり、現役世代から徴収する保険料の金額には限界があるから、エゴをいって受給額を下げたくないと思えば破綻。「このままじゃ破綻だ」と言う人は、受給額は下がってはいけないと強く思い込んでいるというわけ。

現状の金額を将来欲しいと言っても、それはムリな話。いまの年金制度では少子高齢化は止まらないから受給額は下がっていかざるをえない。これは海外でも公的年金は賦課方式だから、事情はだいたい同じになるだろうね。

でも、日本とはけっこう大きな違いがある。一つは人口減少のスピードが違うこと。もう一つは、海外では「公的年金で老後のすべてがカバーできる」とはみんなが思っていないこと。

老後を国の年金に頼るのは、間違い⁉

そう考えると、年金破綻の議論は、期待していたほどもらえなくなるかどうかという話。でも、私に言わせれば、そもそも過度な期待をするほうがおかしい（笑）。

国民年金だけの自営業者は、期待していないから払わない人がいっぱいいる。一方、厚生年金のサラリーマンは、期待しているから「破綻だ、破綻だ」と言い募りたくなる。

でも、日本の人口は減っていくと思っていれば、最初から年金（将来の受給額）に違和感はないはず。ただ、どのくらい人口が減っていくかについては、厚労省が推計を出しているけれど、それが、あまりうまく伝わっていないのは確か。

だから、厚労省は推計に基づいて「いま20歳の人は将来の年金額は○円」、「いま30歳の人は将来の年金額は○円」と、一覧にして見せてあげるべき。これは推計に基づく予測額だけれど、「思ったほどもらえない」ということが、みんなよくわかるようになる。

すると、「期待できないから年金を払うのはやめた」という人が増えるかもしれない。そうなっても年金制度自体には関係ないけれど、無年金者が増えれば生活保護は微妙に影響を受ける。

ただ、無年金の人がみんな生活保護に移行するわけではなくて、国に頼らないで貯金や投資用マンションを買っているような人もけっこういる。

実際、将来もらえる年金の金額は５万円くらいになってしまうかもしれない。「それでは生活できない」と言うなら、あとは足りないぶんは自分で蓄えるしかない。

一番困るのは、払わなくて貯めない人。宵越しのカネは持たない江戸っ子みたいに、収入を全部使っちゃう人が増えたら、生活保護が増えるから国はたいへんなことになる。特に、いまの20代はフリーターも多いから、貯められずに「老後は生活保護に頼ろう」という人がますます増えるかもしれない。

老後は生活保護に頼るという人が増えると、もう政府としてはいかんともしがたいというか、国としては、結局、最後は何もできない。生活保護に頼るというのは、人の生き様の問題だから。

すると、どうなるか？

将来は生活保護の水準が下がる。生活保護の申請者が激増しても、国が救える額には限りがあるから、増えたら一人当たりの生活保護費が減る。

ハッキリ言ってしまうと、年金を払わないで貯めもしなかったら、将来は自分がミジメになるということ。だから、国や政府に老後の暮らしを全部期待するというのが間違いのもと。公的年金は、あくまで政府による老後の暮らしのひとつのサービスの提供にすぎないから、もっといい暮らしがしたかったら独自に貯めるしか方法はない。

これは当たり前のことなのだけれど、理解しにくいのは、日本では年金は全員加入が建て前になっていて、国がすべての面倒を見ると錯覚しているからかもしれない。でも、全員加入であっても、国が面倒を見る範囲は別問題。全員加入だからこそ、国がカバーできる範囲は少ないということをみんな自覚すべきなんだよね。

出生率アップの秘策とは？

年金制度の改革は前政権から検討されているテーマだけれども、制度そのものについては現状以外にノーチョイス。消費税で月額7万円の最低保証年金にするから大丈夫なんて、民主党はいっているけれど、財源を消費税にしても年金保険料にしても、ほとんど同じで、先述の「年金公式」はどうやっても満足させなければいけない。要するに、年金制度なんて、あまりバリエーションなんてないわけ。これ以上いい制度なんて考えるより、今の制度をうまく運営するほうが重要。家の建て替えをやるよりも、リフォームのほうが現実的ということ。

ただし、年金の受給額は現役世代の給料に依存するから、国のマクロ経済政策によって景気がよくなったら保険料はたくさん取れるようになる。そう考えると、年金の国民満足度を上げる方法は二つ。ひとつは、少子高齢化を止めること。もうひとつは、経済成長をすること。

どっちが簡単かと言うと、経済成長のほうがずっと簡単。なぜなら、出生率アップというのは、政府が役所までつくっていろいろやっているけれど、あまり期待しないほうがいい。最後は生物学的な話に必ずなってしまうから。

要するに、どうしても「セックスは好きでも子どもは産みたくない」という女性が出てくれば、出生率をあげようと思ってもあがりにくい。それは社会が発展すれば、どこの国でも同じ傾向が出ている。ハッキリ言って、子どもをもっとたくさん産ませようという政策は至難の業なんだけれど、政府は子育てと仕事の両立のためにいろいろと環境を整備したり、子ども手当などをやっている。

でも、繰り返すけれど、少子化を止める魔法の杖はなかなかみつからない。ただ世界では、少子化が止まった事例はあるけれど、それでも「こんな政策が奏功したかもしれない」という話ばかり。環境整備が、出生率アップに繋がったという確たるデータや根拠はなにもないのが実態なんだよね。

政府は、働く女性が子どもを産むと、その前後が産休になるけれど、その逸失利益を国がすべて補助したらベラボウな金額になってしまうから、代わりにいろいろなことを試しているというわけ。

でも、実は本当に出生率をアップさせる確実な政策も、あることはある。

それは堕胎を禁止すること。これなら確実にアップするけれど、産んだ人は経済的にたいへんになる。では、収入が増えれば出生率がアップするのかというと、人間はお金持ちになれば、たくさん子どもを産むのかというと微妙な問題。

20代フリーターは、収入が安定して増えたら結婚して子どもをつくるようになる、という話も微妙。なぜなら「人間はどうしたら子どもがほしくなるのか」をよくわかっていないから。環境やお金を整えれば産むというほど単純ではない。

つまり、経済以外の要素が強いわけ。ふつうに考えれば「好きになった女の子に子どもが欲しい」とせがまれたら、結婚して子育てするのだろうけれど、それは経済学とまったく関係のない問題だからね。おそらく、チャレンジングな学際的な研究が必要な分野になるのでしょう。神の領域に入るかもしれないから、そこまでして少子化対策をするべきかどうかは微妙だね。

年金も生活保護も「給付付き税額控除」に吸収

もうひとつ少子化対策の秘策として挙げられるのが「移民政策」、つまり移民の受け入れ。これは実際に効果が出る。

移民の中には、明らかにたくさん子どもを産む人がいる。生活水準の低い国から来ているからなのか、なぜ子どもをたくさん産むのか不思議なのですが。

かつてフランスやドイツでは移民の受け入れが行われたけれど、少なくとも確実に社会的人口は増えた。しかも、移民は最後まで移民先の国に居つくかというと、そうでもない。

むしろ居つかない確率のほうが高い。すると、どうなるか？

国内で働いているときは税金（年金も一部）を払ってくれて、高齢になると海外にいなくなってくれる。これは国から見ると、かなりお得。

だから、いまの日本には合理的だけれど、問題点もある。移民政策は、ちょっと間違うと、すぐに民族問題に発展すること。実際ヨーロッパではそうなっている。つまり、移民政策は、年金問題解決と社会問題という二つのトレードオフの関係にある。

中絶禁止法も移民受け入れも、効果はあってても社会問題化は必至。少子化よりも社会問題化のほうがずっと怖いから、やはり現実的にはかなり難しい。

さて、ここまで年金問題を見てきて、国はどう対応したらよいのかと聞かれたら、「年金は将来、そんなに期待するほどの額はもらえない」ということを国民にしっかり告知すること。「みなさん公的年金には将来あまり期待しないでくださいね」と、数字で国民に伝える。

でも、前に紹介した給付付き税額控除制度をやると、このように入り組んだ年金や生活保護などの社会保障が効率的にまとめられるからスッキリすることは確か。年金も生活保護も所得対象とすれば、最低限に届かないときは支給になる。

要は、収入も年金も生活保護費もみんな所得基準で計るということ。ただし、これには繰り返すけれど、納税者番号が前提になる。

だから、「納税者番号」と「給付付き税額控除制度」の導入がセーフティネットの最適解となる。これはとても合理的だから、他の先進国ではみんなそうなっていて、やがては日本でも導入されると思える。やっと民主党も自民党もマニフェストに書き出したから。

子ども手当の問題点

ところで、民主党は「国民の暮らしを守るため」といって、子ども手当や高校の授業料無償化、農家の戸別補償などの手当を政策の目玉にしている。

まあ、これらの手当自体は悪い話ばかりではありません。手当で問題となるのはその額で、これは所得再分配政策の話であり、明確な答えはない。所得再分配政策というのは、集めた税金をどこに配るかという政策。人によって、価値観によってもさまざまな方法があり、それこそ政治で決める問題でしょう（もちろん政治を選ぶのは国民ですが）。そこで子どもや子育て家庭を優遇しようとなると、このような政策が出てくる。

でも、子どもをどこまで優遇するかは人それぞれ。いまでも児童手当というものがあり、児童一人当たり月５０００～１万円が支給されている。要するに、すでにけっこうもらえている。

だから、独身者だったり、子どもがいない夫婦は分配の観点から見ると、この点に関していえば不利ともいえる。配偶者控除もなくなったら、子どもがいない夫婦は特に不利になる。

子ども手当は月額一人当たり2万6０００円（２０１１年から）で、年間では31万２０００円。それが中学卒業まで支給される。これに対して、いまの児童手当は小学生まで。だから、小学生までは2万１０００円～1万６０００円、中学生は2万６０００円増えるということ。

同様に、高校の授業料無償化も、すでに文科省が高校に補助金を出して、授業料を安くしている。ただ、高校くらいだど、無償化より、奨学金にして出世払いにしてあげたほうがいいけどね。

では、このような子ども手当の額はなにを基準に決めるのかというと、ハッキリ言って、これは好みの問題。政策論的にはいろいろ根拠はあるけれど、この額を増やせば他のどこかの予算が削られるという意味で、結局好みの問題で決まっているということ。いろいろな好みを政治の中で反映していく。だから、かなりデリケートな問題ともいえる。

文科省や厚労省の中には、すでに子ども関連政策、児童施設などの大きな予算があるけれど、それを子ども手当に変えて予算内に抑える。その場合、現金で子ども（親）に配るか、あるいは関連政策という形で配るのか、これも考え方次第で変わってくる。

そう考えると、今回の子ども手当の問題点は、子ども関連政策の予算の組み替えなくして、まったく別に子ども手当を捻出すること。こうなると、実際問題として、課題は大きくて苦労する。

民主党のマニフェストには、他の予算を削るという記述がない。子ども手当だけではなく、農業の戸別所得補償にしても、「では、どこの予算を削って出すのか」という具体的な話は一切ない。

今回の概算要求を見ていたら、たいして組み替えや削減はしないで、従来通りのまま、新たな手当の予算を上乗せしているだけといった印象。だから、予算が足りなくなるのは、あまりにも当たり前な話。

案の定、政府は子ども手当に所得制限を設ける、設けないとか、予算が足りなくなって、国債の発行額を増やす、増やさないと大騒ぎをしていたけれど、それも事前に予算の組み替えを考えていないから迷走は当然だね。

政府は全面的に予算を組み替えて新たな財源を生み出すと、漠然と言っていたけれど、ほとんど組み替えていないから、今年度の予算は90兆円規模に膨らんでしまった。

とはいえ、いままでは補助金を配って、文科省の天下り団体に流れていた。それを直接、子ども（親）に流すなら、天下りの削減に繋がるから立派な政策になることは確か。

ちなみに、手当を出しても、景気が悪化すれば、安心して子育てと教育ができる環境は遠のくし、そもそも手当が子どもの教育に使われるとも限りませんけどね。

最低賃金を上げると、失業者が増える!?

労働政策としては、民主党は「製造現場への派遣は原則禁止。日雇い、スポット派遣は禁止」を掲げている。でも、この政策は、ハッキリ言ってビックリ。

派遣を禁止されたら、いま派遣で働いている多くの人はいったいどうすればいいのか、困ってしまうはず。政府は「常用雇用を促す」としているけれど、いまのデフレ状況では「雇用はできません」の一言で終わってしまう。

もし本当に禁止するなら、〝逃げ道〟は、ちゃんとつくってあげないといけない。企業が日雇い労働者を常用労働者にするわけはないから、結局、日雇いで働いていた人の多くがホームレスか、生活保護になるしかなくなる。ひどい話だよね。

本来は正規社員と非正規社員の差がなくなるように調整する政策をしなければいけないのだけれど、いきなり禁止ではむしろ効果が逆行してしまう。

また、マニフェストにある「最低賃金を全国平均で1000円にする」という方針にも問題がある。というのは、それだけをやったら賃金を払う側で困る人がけっこう出てくる。だから、この政策はムリ。賃金とは、労働市場における労働商品の価格の意味。その価格を政府が決めたら、めちゃくちゃになってしまう。

もし、本当に1000円にしたら、賃金を払えない中小企業がいっぱい出る。労働者は、どういう会社にいくらの報酬で入るかをネゴして成り立つのだから、たとえば、「流通業界の社員の時給は1000円以上にします」と国が決めたら、どこの会社もみんな困るでしょう。

確かに１０００円以下の人は嬉しいだろうけれど、労働者の価格（賃金）は、労働者の能力と会社の体力に応じて決まるとしか言えないはず。それを会社とは関係ない人が１０００円にしろ、と言ってもムリ。

そんなことを強引にやれば、非正規社員の職が激減する、正社員の職も減る。もうできるだけ人は雇わないようにするに決まっているから。これでは失業者が溢れてしまう。極めて社会主義的な発想による政策といえるね。

この程度のことはちょっとロジカルに考えればわかることだけれど、なぜ堂々とこんな政策が出てくるのかというと、それは民主党の中に〝労働者階層の貴族（労働者団体の代弁者）〟がいるから。労働者団体が民主党の支持母体になっている。だから、引き上げをやらないと、票が逃げてしまう。

最低賃金の引き上げは、労働者が損をするということが、一見してわかりにくい。たとえば最低賃金を上げると、直近では実際に給料が少し上がって労働者はうれしい。でも、すぐに企業がたいへんな状況になって、リストラや労働条件の切り下げが始まるのは必至。

要するに、労働者という半径2メートルの思考というわけ。そもそも労働者団体というのは、自分たちの利益を中心に考えるもので、それで会社が潰れるか潰れないかは経営者の問題と割り切っている。

もし、労働組合が会社側の事情や思考まで考慮したら、ちゃんとした労働組合にはならなくなる。組合活動もちゃんとできなくなる。労働者団体とはそういうものなんだね。

これは、世の中をどこまで広く見るかの差なんだけれど、政府の政策としては、最低賃金の引き上げも日雇い派遣の禁止も、本末転倒。

労働者個人の視点に立つと、往々にしてこのような本末転倒な事態がでてくるから、やはり政府は経済全体で見ないといけない。経済全体で見ると、「大きな需給ギャップが発生しているから、失業を含むさまざまな雇用上の問題が表面化している」とわかる。

だから、政府の政策としては、労働市場への介入ではなくて、需給ギャップを解消することに尽きる。そうすれば、雇用上の政策なんて何も考える必要はなくなるということ。

最低賃金は、ないほうがいい!!

ふつうどこの国を見ても、「景気が悪いから最低賃金を上げます」などという政策は滅多になくて、あるのは「成長（インフレ）があるので上げます」という政策。成長があれば、企業が豊かになって、全従業員の給料を上げる余力もある。でも、成長なくして給料を上げたら、その企業はいったいどうなるのかは自明の理。

では、逆に最低賃金を引き下げたらどうなるのか？

やってみないとわからないけれど、労働市場における賃金レートには均衡点があって、それよりも高くなっていたら、低くしたほうが失業者は減るし、景気はよくなる。

こういう話はマクロ経済的には、均衡点と最低賃金の関係で決まってくる。均衡水準より、高かったり、安かったりしたら、最低賃金を下げたり、上げたりして均衡点に近づけると、失業は減っていく。

で、いまはデフレだから最低賃金が高くなっている可能性があるから、むしろ引き下げるべきという意見もある。それは学問的には標準的な見解といえる。

でも、一番いいのは「最低賃金」などという法律の縛りはなくしてしまうこと。しょせん賃金は労働市場におけるメカニズムで勝手に均衡点に向かうものだから、本来は政府が賃金には介入しないで、自由にしたほうがいいわけ。ただ賃金の問題が難しいのは、雇用形態や業種などでいろいろなパターンがあって、同一市場になっていないこと。均衡点というのは、あくまでも仮に同一市場だったら、という話。

だから、人によって、見方によっていろいろな意見が出てくる。正直に言うと、だれにもわからない。だったら、賃金への介入なんてやめたほうがスッキリする。でも、その代わりに、政府がセーフティネットをきちんと整備することを忘れてはいけない。

雇用保険は、厚労省の甘い蜜

雇用保険に関して言うと、失業してからもずっと給料の分まで支給し続けていたら、世の中あげて、だれも働かなくなってしまうことは明らか。

基本、雇用保険は次の職に移るまでのつなぎだから、それは長すぎず、短すぎず調整すべしとしか言いようがない。

一般には、ふつうの人が失業したらどのくらいの期間で次の職が見つかるかで決まるわけだけれど、3年以上あったら長すぎる。たぶん1～2年くらいが相場になる。その意味で日本の雇用保険は妥当な範囲だけれど、実は世界の失業保険と比べると、著しくおかしな点がある。

それは、保険なのに〝保険数理〟が使われていないこと。

ザックリ言うと、いい加減な計算で出し入れを行っている。保険数理というのは、この先何年にわたって、このくらい支払いがある（失業者が出る）から、このくらい保険料が必要だという数字を確率的に出すこと。

どのくらいの失業者が出るかの見込みはあるだろうけれど、保険数理は使われていない。なぜなら、民間保険には必ずある保険数理人（アクチュアリー）の確認記載がないから。

私は数理計算のプロだからわかるけれど、保険料は高く設定されている。では、なぜ、保険数理人を置かず、高く設定しているかというと、厚労省がお金を貯めて事業をやりたいから。

雇用保険がらみの保養所や雇用能力開発機構などは、いろいろなジャーナリストがそのムダ使いを盛んに告発しているけれど、その根っこは保険数理人を置かずに保険を運営していることにある。

役所時代に、この雇用保険の計算がヘンだと思って、私は厚労省の保険を計算する数学科卒の技官をみんな知っているから聞いてみた。そうしたら、年金や労働災害などは担当していたけれど、雇用保険の担当者（数理人）はいなかった。

こうして余計に徴収した保険料から埋蔵金を積み上げ、天下り団体をつくっている。この雇用保険がらみは、旧労働省の中では官僚にとって、もっとも美味しい打ち出の小槌みたいな存在になっている。

数理人を置いてちゃんと計算すれば、そもそも余らないから、雇用能力開発機構などへのムダなお金も出てこない。だから、ジャーナリストが攻めるのなら、ムダ使いという表の話ではなく、この根っこを指摘したほうが効果的だね。

日本は、貧困大国になったのか？

次に格差問題についてだけれども、ＯＥＣＤが相対的貧困率というものを出している。これを見ると、日本の貧困率というのは、確かに上がっている。

でも、この相対的貧困率とは、収入が上のお金持ちと、下の人との収入差の比率のこと。そもそも格差とはこの比率をいうのか、それとも貧困層の絶対的水準が低いことをいうのかという二つの考え方がある。

これまでの流れを見ると、最下層の人の所得が増えない、あるいは減ると、世の中が格差をすごく意識し出す。これはどういうことかというと、要するに自分の過去の所得との比較。自分の暮らしは、昔はよかったけれど、いまは悪いという印象のこと。

でも、最下層の人の収入が増えていたら、どうなるか。いくら高所得者層と比べて差が広がっていても、あまり気にならない。全体的に上がっていて、上の人の上がり方はもっと急だと、格差は広がっているのに、だれも文句は言わない。でも、下の人が上がらないと、たちまち文句が出てくるという構図になっている。

そう考えると、相対的貧困率というのは、あまり重要ではなく、対策を講じるうえで重要になるのは絶対的貧困率になる。絶対的貧困率は、最下層の人がどのくらいの可処分所得で、それが伸びているか伸びていないかを見るというもの。すると、為替や物価水準の差があるから、相対的貧困率みたいに国際比較は難しい。

そもそも日本の絶対的貧困（最下層の人の所得水準）は、世界で見ると絶対的貧困ではない。とはいっても、日本の一人当たりのＧＤＰはいまや世界第20位くらいだから、昔みたいに「定年退職したら年金でヨーロッパ暮らしができます」と言うのは、もはやムリ。その意味で日本の所得は確かに落ちていて、格差や貧困が広がっていると言われれば間違ってはいない。

でも、相対的貧困率については、豊かな国で高くても世界的に見たらたいした問題ではないということ。

格差論の本質は、累進税率!!

そもそも格差問題というのはどこの国でも、いつの時代も必ず存在するもの。「高度成長時代は〝一億総中流〟と言われていたから、なかったじゃないか」という人もいるけれど、確かに当時も格差はあった。それは京都大学の橘木俊詔教授が証明している。

なぜ、昔も格差があったのに問題にならなかったかというと、ずっと所得が上がっていたから。国民所得が上がっていれば、すべての人が夢を持てる。それは、本当はまやかしなのだけれども、実はすべての人が夢を見られるというのが大切。

でも、いまみたいに経済成長をしないと、格差問題が必要以上に意識されて、不愉快と感じる人が増える。そう考えると、格差問題とは結局考え方の問題、つまり〝妬み〟の世界。だから人間社会には必ずといっていいほどあるということ。

みんな自分よりいい暮らしをしている人を羨《うらや》ましいと思うはず。羨ましいと思うから格差が顕在化するのだけれど、その裏には「自分の能力について自分ではよくわからない」という事情が隠されている。

だから、「オレのほうが能力はあるはずなのに」とか「能力は一緒なのに」と思い込む。それで嫉妬する。それは人間特有の弱さでもあるから仕方がないことだけれど。

だから、収入格差が広がったら、格差がよいか悪いかではなく、あるいはなくすことでもなく、その格差の範囲をどの程度、結果として是正していくかがまさしく社会問題になるということ。

では、どこまでの範囲で是正するのが正解なのか？

それは身も蓋もないようだけれど、これも好みの問題。「格差があったほうが人はやる気になる」という人もいるし、「明らかな格差があったらやる気にならない」という人もいる。だから、格差への好みは人それぞれ。

この好みについては、ハッキリ言って自由主義の人は格差をできるだけ埋めないようにし、社会主義の人は格差を可能な限り埋めようとする。するといくら議論をしても収拾がつかないのは当たり前。そこでコンセンサスを得ようと思ったら、平等の概念を二つに分けて考えるしかない。

ひとつは、オポチュニティ（機会）の平等を求める立場。もうひとつは、結果の平等を求める立場。社会主義のように事後的に課税をしっかりやって全部の人の収入を同じにしようというのは結果の平等。逆に、事後是正は少なくして、それよりも機会を平等にしようというのが自由主義の立場。

多くの人は結果よりも機会の平等が重要だという立場だけれど、ただし、結果についてまったくなにもしないのはよくないと思うから、それで累進税率が導入されている。だから、その国の累進税率を見れば、結果の平等をどのくらい重視するかが如実にわかる。

一方の機会の平等については、実は完全にコンセンサスができあがっている。「親が貧乏だから大学に行かれず格差が遺伝する」というような話があるけれど、実際は親が貧乏でも、奨学金で行こうと思えば行かれるようになっている。「あなたは学力は高いけれど、親が貧乏だから入学を許可しません」という大学は存在しないよね。どんなところに住んでいても、また氏素性がどうであっても、一発当てて金持ちになるチャンスはだれにでもある。だから、少なくとも建て前では、機会の平等は完璧にある。

つまり、基本的に、身分制がない限り、機会の平等は認められているというわけ。

一般に、資本主義では機会の平等は完璧に認められていて、結果の平等についてては累進税率の構造で決まる。もし、収入が高くても低くても税率がフラットだったら、結果の平等は一切なく、累進税率によって可処分所得が完全にフラットだったら、結果の平等が完璧。そう理解するもの。

いまの日本はだんだん累進税率がフラットになってきていたけれど、今後は徐々に税率をきつくする（結果の平等方向へ）という流れになっている。昔は最高税率が80

%もあったけれど、いまは40%台。それがやがて50%台になるのではないかと思うね。

要するに、累進税率は常に揺れ動く。この税率議論にはいろいろな意見がある。たとえば、自分で努力してお金持ちになったような人は「20%でよい」と言ったりするけれど、私は50%が妥当という意見。ちょっとだけ格差があるというのが50%というレベルだから。すると、高額納税者はいまよりもう少し多く払うことになる。

ちなみに、相続税の税率もゼロにしろという人もいるけれど、私はむしろ上げてもいいという立場。そういう意味で、私はセーフティネットや所得配分には、もう少し国が関与してもいいと思っている。

これは要するに好みの問題だけれど、私がいいと思うのは経済成長をして格差をあまり感じないようにして、その上でセーフティネットも用意しておくこと。そのためには、いまよりもう少し高めの所得税と相続税が財源として必要になる。

この累進課税と相続税の税率を上げるか、下げるかという発言を見ていれば、その人がもっている格差是正への態度がよくわかるようになるね。

フリーターの可能性は、無限大⁉

ただ、この手の話になると、「それでも機会の平等はないのではないか」と反論する人がいる。でも、下流が遺伝する保証はなにもない。

日本には機会の平等が完璧にあるから、実際に恵まれない出自の人が社長や大臣になっている。「機会の平等はない」といったら説明がつかなくなってしまう。

また、よくフリーターや非正規社員になると、結婚できないという人がいるけれど、これも根拠がない。だって役所の戸籍係は拒否しないから、しようと思ったらいくらでもできる。このように、建て前は保証されている。

この建て前というのが大事。建て前がなかったらノーチャンス。少なくとも表向きは何も拒否されないのだから、建て前は大きな評価に値する。

それなのに、「自分は正社員になれなかったから人生おしまい。不平等だ」と言う若者がいたら、それは結果に流されてチャンスを自ら潰しているということ。

そういうときは、建て前は保証されているのだから、建て前を主張すればいい。建て前をちゃんと主張したら、どうなるかというと、だれも抗弁はできなくなる。「だれにでもチャンスはある」という建て前を否定できる人はいないでしょ。要するに、自分の境遇は不遇だと勝手に思っているだけ。

このように、私が建て前を重視するのは人前でちゃんと言えるから。すると「あいつは空気が読めない」と言われたりもするけれど、建て前を主張する限り、問題はなにも起きない。

アメリカには、アメリカンドリームという大きな建て前がある。実際は、すごいコネクションの社会で、成り上がるのは限りなく難しい。でも、大きな建て前はあるから、だれでも大手を振って歩ける。

同様に日本でも、貧乏なフリーターが大金持ちになるチャンスがあるのだから、フリーターでも大手を振って歩けばいいだけの話。

「希望は戦争」と言った若者がいるそうだけれど、フリーターのままだってお金を持ていれば勝ちなわけだから、自分で自分の首を締める必要はない。ふつうに考えると、フリーターはまだどこにも属していないわけだから、可能性は無限大にあるということ。実際に可能性があるのだから、「自分には可能性がある」と理解すればいいだけ。

ものは考えようということ。

でも、サラリーマンはたいへん。会社が傾いてリストラされたら、フリーランサーや自営業で生きていくなんて逞しいことはとても考えられない。だから、会社が潰れたらオロオロするしかない。官僚が天下りにしがみつく理由もまったく同様なわけ。

官僚も40歳を過ぎたら、民間に行って裸一貫で勝負なんて絶対にムリ。実際、優秀だなんて言われていても、民間に行ったらなにもできない。私は、数理計算という手に職があるから役所を辞めても平気だと思えたけれど……。

だから、サラリーマンや役人と比べると、フリーターは可能性も一人で生きていく力もあって恵まれている。でも、30年近く会社や役所にしがみついてきた人は、ほっぽり出されたら、ほんとうにミジメ。もう生きていくのもイヤになるくらい。

それに比べ、一人で生きている人は、躓《つまず》いても「またなんとかなるさ」と思えるから、究極的には最強というわけ。

これからはどんな人が強いかと言われたら、やはり個人に特色がある人。いまは個人ベースでいくらでもビジネスができる時代だから、特色があれば名前も売れて勝てる。何が特色になるかは人それぞれ。とりあえずいろいろトライをしてみるしかない。

そうすると思わぬものが特色になったりする可能性もあるはず。

特色を持って、結局たくさん稼ぐことが〝自分セーフティネット〟になるわけ。それはサラリーマンよりも、なんでもできるフリー（個人）のほうがぜんぜん有利。

中国のほうが成功できると思ったら、明日から裸一貫で行けばいいだけ。どこかの国へ行ったら、その国の王族の人のお婿さんになるチャンスだってある。でも、会社勤めだったら、そんなチャンスはまずないだろうね。

ハッキリ言うと、いまのように経済の状況がよくないときに、寄らば大樹の大企業志向という人は、そもそもダメな人。大きな船に乗ったようなものだから、その船がどこへ行くかは他人任せになるから。

でも、個人だったら自分でボートを漕いでいるようなものだから、どこへでも行かれる。逆境のときこそ、自分の力で頑張って生きていこうというのがマトモな人の考え方だね。

マスコミは、格差問題が好き

ところで、小泉・竹中改革が「日本を格差社会にした」という批判がある。でも、実は竹中さんがやったことは、かなり少ない。

大手金融機関の不良債権処理と郵政民営化の二つだけ。たとえば、後期高齢者医療制度などはまったく関係なかったのに、「福祉の切り捨てだ！」とか言われると、竹中さんは説明（反論）してしまう。

実際は、後期高齢者制度も労働者派遣法の緩和も、やったのは当時の厚労大臣。だから、なぜ担当ではない竹中さんが医療制度や派遣法について、しっかり答えているのか、当時から疑問だった。

そんな事情が影響したかどうかは定かではないけれど、「小泉・竹中構造改革が格差社会をつくった」「小泉・竹中が日本をボロボロにした」という話がマスコミではよく流される。

その出元は、当時の自民党の守旧勢力と野党（民主党）。それをメディアが過剰に流布させたわけ。民主党は、なにかを持って自民党を攻撃したかった。でも、リーマン・ショックの前のことで、景気は上を向いていたから、大きな攻撃材料が見当たらない。そこで目をつけたのが、格差問題だった。

格差問題や貧困問題は、メディアの中枢にいる〝ヘタレ左翼〟によく受ける。メディアというのは、電波の既得権者保護、新聞の再販価格規制（カルテル）、閉鎖的な記者クラブ制と、規制でガチガチに守られた業界だけれど、その恥部は言わずに、ヘタレ左翼はいろいろと講釈をたれる。ヘタレ左翼については1章でも説明したけれど、〝経済成長クタバレ論者〟だから、格差や貧困問題が好きなわけ。

でも、格差問題というのは、経済が成長しているときに、必ず目立つ現象でもある。いまの中国を見ても一目瞭然だけれど。

格差問題をマクロ経済学で語るとどうなるかというと、「格差問題は確かに存在するが、経済成長しないとパイが広がらないから解消しない」。格差解消の解決策とは、実はそれだけ。イギリスのサッチャー首相は、「金持ちを貧乏にして、格差を解消してもしかたないでしょう」と言ったことも。

「トリクルダウン」というものがあって、これは富める者が富めば、貧しい者にも自然に富が浸透（トリクルダウン）するという経済理論というか、まあ、お話ですね。

それで、最初にだれが富める者になるかは、実際のところだれにもわからないこと。

でも、成長クタバレ論者のロジックは、常に勝ち組だけが先に潤って、負け組はそのあまりだけとなる。繰り返すけど、機会の平等が保証されていれば、実際はだれが勝ち組になるかはだれにもわからない。

たとえば、ヘリコプターマネーのように国がお金を大胆に増刷してばらまく。そのとき特定業界を中心に配分すれば、その業界が先に勝ち組になる。

でも、特定業界だけは不公平だから、現実には特定給付金みたいに広く薄くばらまかれる。では、それでだれが最初に潤うのか？

定額給付金でお酒を飲んだり、本を買ったり、旅行に行ったり、服を買ったり……使い方は人それぞれだけれど、そのお金をもとに一生懸命頑張った人がいちばん潤うことになる。

だから政府にとってはバラマキというのは、格差拡大を埋める意味でも、実はいい政策。また個人にとっては、だれもが先にお金をつかむチャンスがあるということなのだから、裸一貫で人一倍頑張ればいいということ。

第4章　民主党政権で遠のく、民間主導経済

民間主導経済とは？

公共部門がこれまで担ってきた事業を民営化し、経済を民間主導にしていくことは、世界では当たり前の話。

ところが、いまの日本では民営化された郵政が再び国営化に戻ろうとしている。政府は「民営化堅持」と口では言うけれど、株式の売却は法律で凍結されてしまったから、もはや民営化はギブアップの状態。

また、高速道路会社が高速料金を無料化するという政策は、本当に実現するかどうかわからない状況だけれど、もし、そうなったら莫大な税金の投入が不可欠になる。これも民間主導経済に逆行する流れ。

政府は、高速道路を無料化するために6000億円の予算（その後、1000億円に減額）を出す予定になっているけれど、もし完全無料にすると、1兆6000～1兆8000億円くらいのお金が必要になる。それを国が出さなかったら、高速道路会社は潰れてしまう。

だから、国がお金を出すということは、高速道路会社も国営化の路線に戻ったということになる。「高速道路無料」と言われただけだと、気づかないかもしれないけれど、無料にする＝国営化ということ。

このように、郵政も高速道路も実質、国営化に戻ってしまったのは間違いない。では、そもそもなぜこの二つの民営化が必要だったのか？

郵政の場合は、民営化しないと、毎年１兆円ほどの税金投入（国民負担）が必要になる。高速道路無料という政策と二つ合わせると、実に２兆円近く確実に国民負担が増えるというわけ。

こんなに国民の負担を増やしてもいいのか、いけないのか。あるいは、負担できるのか、できないのか——。今後、また必ずそういう議論になるだろうね。

そもそも小泉構造改革によって郵政公社は、「完全に民間会社になってビジネスをやりましょう」ということになって、ビジネスの収益で維持コストや人件費を払うと決めた。そうなれば、１兆円ぶんの国民負担はない。

高速道路では、いままで料金を利用者が合計１兆円くらい払っていたけれど、その利用者は料金がタダになると得をする。その代わり、自動車や高速道路に乗らない人の税金負担は増える。

つまるところ、民営化か、国営のままかの意味というのは、国民負担のこと。だから、いま民主党政権になって、郵政は再び実質国営化（表面的には民営化を維持するというが本当のところは国営化）に戻る路線なんだけれど、「なぜまた郵便局員のために税金を払わないといけないのか？」と問われたら、答えるのは難しいはず。

まあ、昔から郵政には税金は入れていないなんていう話は形式的には正しく見えるけれど、実質的にはウソといえる話。昔から郵政には、巧妙な形で直接的ではなく間接的に税金が投入されていたのを知っている人は少ない。このことは重要なので、また後で話しますが。

また、高速道路は、利用者はタダになってラッキーと思っても、混雑してノロノロだったら、やっぱり払ったほうがよかったとなるかもしれない。

この郵政と高速道路の話は、まだまだ検討が続けられるはず。最後はどうなるかわからないけれど、問題は、本来当たり前の民間主導経済に、民主党の中には逆の動きがあるということ。

その例としてさらに、日本政策投資銀行や商工中金などの政策金融機関の民営化の話もある。政策投資銀行は自公政権時代に民営化の流れになったのに、現在はどっちつかずの状態で、ズバリ言えば、民主党内には民営化はしないような空気が流れている。

ちなみに、政策投資銀行というのは、いままで一貫して日本航空（ＪＡＬ）に融資をしてきた。この銀行の大きな業務は、ボロボロの経営をしているＪＡＬを助けること。情けない話だけれど、この銀行が税金で助け続けたから、ＪＡＬの経営はますますダメになっていったともいえる。

そのＪＡＬもみんなは民間企業のように思っているようだけれど、運賃や路線などの許認可は国交省がもっていて代々社長は天下り。だから、採算の取れない路線も廃止にできない。空港ターミナルの運営なども役所（公団）がやっているから、路線を廃止されたらまず困るのが役人。

空港の駐車場も公益法人で、料金が異常に高い。そのターミナルや駐車場の甘い蜜を求めて、役人が天下っている。ＪＡＬは、そういった多くの天下りを受け入れて食わせてきたのだから、経営がたいへんになるのは当然かもしれない。

発着枠がオープンになっていない背景にあるのも、国交省が権限を持ちたがるから。持ちたがる理由は、もちろんその周りにいっぱいの天下り役人がいるから。

こういう構造をなくしていくことが本来、国が行うべき政策であって、そして、それが民間主導経済という意味なのに……。

日本郵政は、国営に逆戻り！

そもそも郵政民営化はなぜ必要だったのかというと、民営化しないと郵政公社がやがては確実に潰れてしまうから。では、なぜ潰れてしまうのか？

その前に郵便貯金の歴史をたどると、明治時代の最初のころに国民が貯金をするところがなかったから設立されたのがそもそもの始まり。当時は江戸時代の両替商が銀行をやろうと準備していたけれど、まだちゃんとした銀行がなくて、政府が国立の銀行を設立していった。でも、間に合わないから、郵便制度の創始者で官僚の前島密が「郵便局は全国にあるから、そこで銀行をやらしたらいい」と言って、郵便貯金がつくられた。

経済発展をするうえで、国民が広く貯蓄するというのは、とても大切なこと。その意味では、国をスタートするにあたって、郵便貯金というのは、とても意義があったということ。他の国も、郵便貯金設立の経緯は似たようなものだけれど。

官営八幡製鉄所も同じだけれど、国がスタートするときは、政府が産業を直接経営する。そして、やがて経済が発展してくると、民間に移行する。これも、どこの国でも同じ状況。

ただアメリカの郵便事業（Post office）はいまでも国営。それは憲法に郵便は「国の業務として行う」と書いてあるから。他の国を見ると、郵便は国営だったり民営だったりする。だけど、郵便貯金については、国営はほとんどなくなっている。フランスは小規模で残っているけれど。

ちなみに、郵便のほうは公社形態が多くて、完全民営化は少ない。だから、小泉改革時の郵政民営化計画でも、郵便は公社形態に近い民営化、金融のほうは完全民営化となっていた。

ちょっと誤解があるようだけれど、郵便のほうはユニバーサル・サービス・オブリゲーションといって、全国一律の料金とサービスにする義務があるから、完全に民営化はできなくて、政府が何割か株をもつ形がいい。

それで郵便会社も株の⅓は国が持つ。一方、郵便貯金と生命保険のほうはすべて民間が株を持つという世界と同じ形態にした。この計画にのっとって、ゆうちょ銀行とかんぽ生命の株はすべて民間に売却されるはずだったのだけれど、これが民主党政権によって売却が凍結されてしまった。

日本郵政は、必ず潰れる⁉

これで民間会社にならないということが明らかになって、その裏返しだけど、民間から来ていた西川善文さん（元三井住友銀行頭取）を追い出してしまった。西川さんは「最後のバンカー」と呼ばれる人で、民間バンカーを連れてきていたけれど、辞任させられてしまったから、そのバンカーたちも一緒に去ってしまった。

で、だれに取って変わったかというと、官僚ＯＢと商社から来た人。つまり、金融業界のバンカーは一人もいなくなったわけ（長銀元常務の肩書きを持つ人物もいるが、いわくつきでその人物の人事は宙に浮いている）。

バンカーがいなかったら、銀行としては事業拡大して収益を上げることなんてできるわけがない。

すると、どうなるかというと、民間として事業ができなければ、いつかは破綻するしかない。

たとえば、ゆうちょ銀行の運用先は国債しかないけれど、事業拡大ができなかったら、国債の利回りしかないから、利ざやを稼げなくて破綻するしかない。だから、ふつうの民間金融業務ができる〝チーム西川〟が絶対に欠かせなかった。

あらたにトップになった斎藤次郎氏は元財務官僚。この人事は国営に戻すのが真意であることは明らかだから、民間金融業務ができる人をまた呼んでくるなんてありえない話。

周知の通り、亀井金融・郵政改革担当大臣は小泉構造改革が嫌い。小泉政権時代に、郵政改革の担当チームが民間銀行としてちゃんと収益が出るスキームをつくったのだけれど、そのスキームそのものが亀井大臣によって潰されてしまった。だから、郵政は、もう収益は出てこないという結論しか出てこないということ。

日本郵政の寿命は、あと15年!?

そもそも郵政公社は、独立採算でやってきた（収益はあった）と、まことしやかに語られてきたけれど、それは真っ赤なウソ。

私のこれまでの研究でわかったことは、郵貯の金利は同じ条件の国債利回りとほぼ同じ。これに対して、民間銀行の金利は国債利回りよりも低かった。なぜ、低かったかというと、カルテルで不当に下げていたから。だから郵貯にはお金が集まり、これまで銀行が主張していた、「郵貯は不当に有利な条件で金を集めて民間銀行を圧迫している」というのは眉唾。

でも、この事情があることによって、国営郵貯が提供する預金は、金利が国債と同じばかりか、商品の本質そのものが国債だったということ。

要するに、郵貯は国営の個人国債の売りさばき機関と一緒。それで、人件費などの運用コストがベールに包まれていたから、郵政公社は税金投入なしでやっているというウソが長らく語られ続けてきた。

でも、現実はまったく違う。ザックリそのしくみを説明すると、郵便貯金から年間数十兆円くらいが財政投融資で大蔵省に預託されていたけれど、このお金を大蔵省（現・財務省）が特殊法人などに投融資していた。

その際、大蔵省は普通の金利よりも高い金利を課していた。この高い分がいわゆる「ミルク補給」。大蔵省から直接お金を出すと、税金投入がバレてしまうから、特殊法人に高い金利を払わせることで、「ミルク補給」が行われていた。

でも、この高い金利を払う特殊法人はたいへん。というか、やっていかれない。そこで、大蔵省は特殊法人に税金を投入して埋めていた。こうして、郵貯も、天下りの温床である特殊法人も温存されてきた。これが独立採算といわれる本当のしくみ。「ミルク補給」の額は、年間でほぼ１兆円にもなる。結局、その分は国民が税金で負担していたということ。

このカラクリは、01年の財政投融資の改革で終わったのだけれど、超低金利時代が続いているから、いまも破綻が表面化しないで済んでいる。でも、長期的には、原則として国債の運用だけで、郵貯が存続するのはムリ。ゆうちょ銀行の株を国が保有し続けることで、国の関与も続き、運用は自由にならない。自由にならなければ、人件費などの運営コストは稼げない。

ザックリ計算をすると、ゆうちょ銀行のロスは毎年郵貯残高の平均0・4％だから、10年積み重なると、4％の自己資本比率を食いつぶして、アウト。

かりにいまの超低金利が続いても寿命はせいぜい15年。もし、景気が回復して金利が上がると、10年以内と、もっと早く破綻する。

ちなみに、国際決済銀行（ＢＩＳ）の規制バーゼルⅡでは、アウトライヤー規制といって銀行の金利リスク量（予想損失額）を検証する基準がある。金融庁もこの金利リスク量が自己資本額の20％を超えないかどうかを監視している。

ゆうちょ銀行のアウトライヤー比率は、08年度末で22・18％。すでに20％を超えている。国際的に見てもかなり脆弱な銀行というわけだね。

民主党の真意は、民営化？

こんな状況だから、政府が郵貯の将来像を棚上げするのは当然。もし将来像をつくったら、「間もなく破綻します！」という結論しか出てこないわけだから。

この事情を竹中平蔵さんはよく知っているから、テレビ番組の中で大塚耕平内閣府副大臣（郵政改革担当）に、「経営シミュレーションをやるんでしょうね」と念を押したら、大塚副大臣は苦し紛れに「やりますよ」と言ってしまった。

だから、そのうちシミュレーションを出さざるをえないけれど、実は私が内閣府にいたころに竹中さんに言われて、そのシミュレーションをした。民主党は、この数字を出すと破綻がバレてしまう恐れから、数字抜きの中途半端な経営シミュレーションを出さざるをえないはず。

ただし、民主党は本当に郵政を国有化に戻したいのかどうかは微妙。参院選後に国民新党が政権から離れたら、また民営化路線に戻る可能性もある。民営化自体は否定していないから、国民新党の顔を立ててやっているだけで、内心は民主党自身もよくわからないのかもしれない。

実は、民主党は竹中大臣のとき、民営化に反対していて、竹中さんと国会で１００時間以上議論をしたのだけれど、まったく竹中さんに理論的に勝てなかった。だから、民主党の人たちは「どうやら竹中さんの言うほうが正しそうだ」とわかっているはず。

でも、このように民主党は、「郵政民営化は反対」と言っていた過去があるから、大っぴらに「郵政は民営化する」とは言いづらい。それで民主党の人に聞くと「株式売却凍結法案は通した。しかし、将来株式を売らないとは言っていない」などと、わけのわからないことを言っている。

それで結局、今年夏の参院選までは「郵政の将来像は棚上げ」ということ。破綻に至るシミュレーションはだれにも否定できないから、民主党は「検討する」と言って何もやらないのが次善の策になっている。国民新党が離れたら、改めて考えようというのかもしれない。

そう思っていたら亀井大臣によって、日本郵政の西川チームがクビになり、元官僚OBの斎藤チームが経営陣に入ってきてしまった。しかも、「この人事は天下りではない」と言わなければいけなくなった。民主党にとっては、とんだ受難。

斎藤チームは、役所の仕事、たとえば年金と介護の拠点などをやって、国から収益を稼ごうと狙っている様子。でも、郵政の職員は24万人もいる。そんな大人数を食わせていくだけの仕事量はとてもない。

もし年金と介護の事務をやると言ったら、では社会保険庁（年金機構）の職員はどうなるのか。かりに社保庁を潰してやっても、雇えるのは3万人だけ。このように、役所にいた人は、人件費をどう賄うかという感覚がそもそもないのかもしれない。

いずれにしても郵政改革は、西川チームだったら破綻せずにすんだ可能性があったのだけれど、株式売却凍結と斎藤チームで昔に戻っちゃったから、確実にアウトだね。

ちなみに、竹中大臣時代、郵政改革案は確実にうまく行くのかとよく聞かれたけれど、そこはビジネスの話だから、確実にうまくいくとは限らない。ただし、放っておいたら潰れることは確実。つまり、郵政改革とは「うまくいく可能性のある」話と「確実に潰れる」話のどっちに賭けるか。そういった選択しかなかった。

それで、どういうビジネス計画を立てたかというと、まず第一弾はプロフェッショナルな運用サービスができるチームをつくり、一部の業務を行う。次に、住宅や自動車などのパーソナルローン、つまり簡単なローンを行う。そこから徐々に企業融資など難しいビジネスに入っていくという計画だった。

そもそも民営化というのは、ビジネスの可能性に賭けるという意味で、民営化すればなんでもかんでもバラ色（国の負担がなくなって、職員の仕事も確保できる）になるという意味ではない。だけど、ふつうの民間バンカーが経営すれば、たぶん成功するのにね。

高速道路無料は、合理的か？

話はちょっと古くなるけれど、日本道路公団を民営化するときに、公団が債務超過か資産超過か議論になった。当時は公団で、民間企業ではないから財務諸表がなく、正直だれにもよくわからないようになっていたから。

それで、私は資産超過であると計算し、それを学術論文にもしたのだけれど、某シンクタンクの代表は、「公団は赤字を垂れ流しているから債務超過だ」と言い張った。

こういうとき、収益還元法で道路から収益がどのくらいあるかを計算で割り戻す。そうしたら、何種類か方法を変えて計算しても、やはり2〜3兆円の資産超過だった。

なぜ資産超過になるのかというと、それは単純に高速料金が高いから。だから、将来収入も高くなって資産がたくさんあるという計算になる。

ただ、料金は高いけれど、将来は道路需要がそんなにはないという反論があった。そこで、さらに道路需要推計も検証したら、７％くらい多いかもしれないというのは事実だった。でも、その分を差し引いてもやはり３兆円くらいの資産超過だった。

それでも債務超過だと言い張る人がいて、民営化委員会は議論が紛糾。委員だった猪瀬直樹さんが道路需要について道路局に問いただして、最後は道路局が全面降伏した。ということは、債務超過というのもいいかげんであったということ。

その後、民営化されて、実際に、会社のバランスシートをフレッシュ・スタートといって全面的に民営化基準で作り直したら、正式に資産超過だったことが明らかになったというわけ。

ところが、民主党が本当に高速道路料金をタダにしたら、ある意味でまた債務超過に戻ってしまうわけ。まあ、いつも政府から収入があると思えば、形式的には債務超過ではないけど、それって民間会社といえるかどうかはかなり疑問。

現実問題としては、すべて無料なんてできないと思うけれど、タダの路線が増えたら、もし政府が補てんしてくれないとたちどころに債務超過になる。収入がなかったら国費を投入するしかないけれど、なぜ、そもそも高速道路を無料にするなんていう公約がでてくるのか。

それこそまさにビックリの政策。世界の常識を見ると、高速料金をタダにするのは合理的ではなく、また高すぎるのも合理的でないというのが標準的な考え方なのだから。

本当に無料にできるのか？

タダにすると、なぜまずいのかというと、混雑してしまうから。混雑が激しくなったら、せっかくの高速道路が使いものにならない。そこで欧米各国では、「Pay as you drive」といって、「走った分だけ払いましょう」となっている。欧米では自動車の保険もまったく同じ考え方。

それで、このときに活躍するのがETCとGPS。これらを活用して、走っている自動車をトレースして、ぴったり走った分だけ料金を課す。このシステムを運用するメリットは料金の公平感だけでなく、混雑しないような料金がわかるということ。

皮肉かもしれないけれども、このような交通システムの専門家は、実は鳩山総理の長男（紀一郎氏・モスクワ大学客員講師・専門は都市工学）。だから鳩山総理は、ぜひ、息子さんに話を聞くべきかもしれない。

でも、聞くまでもなく、高速道路料金に関する工学的な最適解は明らかで、「ETCをうまく使って混雑しない料金を決めろ」となる。その料金は、もちろんタダじゃありません（笑）。

日本のETCには、財団法人・道路システム高度化推進機構という、立派な天下り機構があるけれど、これも潰して、「ETCをタダで配って、混在しない料金を決めましょう」。それが最適であり、世界標準ということ。

説明すると、ETCのデータがたくさんあると、混雑するところとそうでないところが一目瞭然になるけれど、その混雑具合の比で料金を上下させれば混雑具合を一様にできる。たとえば、ETCのデータを見ながら、来週の料金を決めたりする。

こうして混雑具合を平準化して、道路にかかる負荷も平準化する。いつも混んでいるところがあると、客からクレームが来るし、そこだけ頻繁に補修が必要になる。でも、標準化すれば車は均等に走るから負荷が減る。だから、均等に走ることには収益的にも大きなメリットがあるということ。

これは、均等化すると満足が高くなるという法則に基づいたもの。この場合は、ドライバーの満足度を均等化すると、いちばんスムーズに運営できる。鉄道でも、特急と普通電車で料金が違うけれど、あれは客の満足度を一定にしているということ。もし特急も普通も同一料金だったら特急に殺到して、乗れなかった人からクレームが来る。

民営化したJRは、すでに客の満足の均一化を徹底していて、ダイヤもゴールデンウイークに本数を増やして混雑を分散して顧客の満足度を一定にしている。高速道路も考え方はまったく同じで、完全民営化すればこのような発想になる。

このテーマは、数学的に最適解を求めると、明快な正解が簡単に出る。〝ど文系〟の官僚などにはまず出てこない発想なのかもしれないけれど。ただ、道路官僚は技術系だから、ひょっとしてこういう発想があるかもね。

では、高速道路運営の最適解とはまったく異なる「無料化する」なんていう発想は、いったいどこから出てきたのか？

その裏を言うと、民主党が「無料化しても税金を投入しないで済む」というデマカセに乗ってしまったから。要するに、騙されたというわけ。

どう騙されたかというと、「道路公団には40兆円も借金があります。いま低金利だから借り換えをすることで、利払いが減って無料にしても大丈夫です」。

これは、まったくのウソ。道路公団の債権は借り換えができるオプションが付いてないから、借り換えはできない。わかりやすく言うと、住宅の長期固定ローンのようなもの。

あとから私がこのウソを民主党のある人に教えたら、ビックリされたけれど……。

本当に無料にすると、膨大な税金投入が必要になって、しかも渋滞するだけでバカをみる。

だから、最近では「実験的に、段階的にやる」という言い方になっている。もう実現はまずないかもしれない。

ちなみに、世界の高速道路事情を見てみると、タダだと思われているドイツのアウトバーンもトラックは有料。イギリス、フランス、イタリアなども有料。つまり、高速道路が無料というのは案外少なくて、アウトバーンの普通車が無料だけれど、今後は有料になる動きもある。

また、アメリカではワシントンとニューヨークの間は人口が稠密《ちゅうみつ》だから有料。マンハッタンに入るブリッジやトンネルも混雑するから有料。それ以外の高速道路は無料なんだけれど、クルマはほとんど走ってない。

すると、料金も１００㎞走っても、２ドルくらいと安いから、道路の維持・管理のお金が出ないように思えるけれど、もともとそんなにはかからない。自治体の公社が運営していて、２ドルの料金の収益内で収まっている。一方、日本の道路の維持管理費は、欧米と比べて10倍くらいも高すぎるということ。

要するに、混雑するなら料金をとるというのがふつうなんだね。そうなると、高速に乗るドライバーのほうも料金があるから乗る距離や時間を考えるようになる。

でも、民主党は逆にタダにして混雑を誘発しようとしているから、すでに宅配やトラック輸送が使えなくなるという危惧が出ている。

モラトリアム法案が、中途半端なワケ

亀井金融・郵政改革担当大臣が打ち出した、中小企業向け融資や個人住宅ローンの返済を3年間猶予する「モラトリアム法案（中小企業金融円滑化法）」が成立したけれど、「銀行経営を圧迫して、貸し渋りを助長する」「国家権力の不当な介入は市場経済をゆがめる」「モラルハザードが起きる」などとマスコミは非難している。

この法案も、平成の徳政令みたいなもので、民間同士の契約に国家が介入するのは民間主導経済の原則に反する。

ただし、いまみたいにGDPギャップが35兆円もあるような場合、中小企業への支援対策として考えるならば、なにもしないよりマシ。たしかに、力があるのに経営難に陥った中小企業にとって、ある程度の救いにはなるだろうから。

たとえば、この冬を乗り越えられない中小企業が返済を猶予してもらっても、借金は残っているわけだから、夏以降は乗り越えられないかもしれない。でも、今回猶予してもらったら、状況が転じて夏以降も乗り越えられるというチャンスはある、と。

だから、なにもないよりマシということ。でも、もっとマシにできる方法もある。

今回の中小企業の返済猶予法で、返済を猶予すると銀行は損失を被ってしまうけれど、その尻（保証）は、最後に政府が持つことになっている。でも、政府が持つということは、持たないよりはいいわけだけれど、もしその尻を日銀が持ったらどうなるか。

日銀が尻を持つと、実はお金が刷られて世の中に出ていく。つまり、これは1章で話した金融緩和のこと。日銀から出たお金が、市中に出回ると、金利も下がり、多くの人が自動的に猶予を受けるのと同じ効果になる。となると、デフレ対策にも中小企業対策にもなる。つまり、一石二鳥の政策になるわけ。

一方、政府が尻を持つと、政府はどっかからお金を借りてくるということだから、世の中にお金は増えない。だから、日銀が尻を持つという形にすれば効果はけっこうある、明らかに優れた政策になるということ。

この方法は、私が考えた新たな量的緩和策。人を介して亀井大臣にも伝えたのだけれど、金融緩和が嫌な日銀の立場を慮《おもんぱか》ったようで政府は採用しなかった。たとえ金融庁や財務省の官僚が、この方法に気づいていたとしても、自分たちの仕事ではないからなにも言わない……。

私はいままでいろいろな政策を考えてきたけれど、どんなに良い政策でも、いつも実際にはなかなか採用されない。実際に採用されたのは、小泉政権時代の郵政改革法案くらい。でも、それすら最近になって戻されてしまったわけだけど……。

なぜ、全体的（マクロ経済）に最適な法案がかくも採用されないかというと、いろんな人にいろんな思惑やお立場があるから。それで戻してしまうというわけ。そのとき立派な思惑やお立場があるのかというと、そうでもなくて、たんなるメンツや人の好き嫌いだったりする。政治や法案の裏はそういうものなんだよね。

公的サービスと民間企業は、競いあうべき

余談になるけれど、アメリカの大学は寄付で成り立っているのに対し、日本には大学の寄付文化だけでなく、そもそも社会全体で寄付文化がない。

寄付文化が成り立つには、政府がどこまで国民生活に関与するかという問題と関係性がある。実は、政府がすべてのものを提供するというしくみだと、寄付文化は醸成

されていかない。

寄付文化は個人から個人へお金が配分されるしくみだけれど、日本は昔からお上が個人からお金を取ってお上から降ってくるというしくみ。だから、寄付文化がないのかもしれない。

大学も日本は、個人からお金を取って、文科省が大学にお金（補助金）をあげるしくみ。アメリカは、個人が大学に寄付。では、どっちが効率的なのか？

これは、2つのしくみがあるというだけで、どっちがいいか悪いかはわからない。お上は特殊法人などのムダ使いがあるかもしれないし、寄付は脱税のお金だったりすることもある。だから、正解は、どっちもどっちとなる。

でも、大切なのは、両方のしくみがあること。かりにお上が吸い上げる方式でムダ使いが横行していたとして、寄付という代替方式があったら、実は両方とも良くなる。競い合う形になるから。ある意味、一方のやり方に偏るから、腐敗が起きやすくなる。

だから、私はどっちの方式や政策がよいかと問われたら、どっちが絶対的に良いとは言わない。両方あるほうが明らかに合理的。片方がダメだったら、みんなが「もう片方を使うぞ」と言えばいいだけ。

アメリカは二大政党にしても大学運営にしても、二通りの方法が競い合って切磋琢磨している。要するに、一つの方法が絶対にいいということはありえないということ。

一つに偏らせるというのは、どうも日本人が好きなんだけれど、全体主義的で私はよくないと思う。年金もお上が吸い上げて配分するのと、民間会社に運用を任すのと二つあったほうがいいに決まっている。好きに選べるから。それもあって、私は公的年金に期待していない。

日本の社会保障はお上が吸い上げるもの（公的サービス）に偏っているから、別の方法ができたほうがいいけれど、その可能性として挙げられるのが、ＮＰＯ法人。

将来的に、ＮＰＯ法人に対する寄付を税額控除という形にして寄付金を優遇することで、日本にも寄付文化が根付くといいかもね。

第5章　閉ざされる、地方分権への道

地方分権は、国家改革!!

民間主導経済と同様に、地方分権も、最近では望ましい方向だという認識になってきた。

私も地方分権をして、地方主権に改革していくべきだと思っているけれど、一般に地方分権の意義については、あまり理解が進んでいない。

なぜ望ましいのかというと、地方分権は、予算のムダ使い（官僚によるムダ使い）をなくしていくから。いまの不況のもとにあるのは官僚主導の中央統治システムだから、それを「普通の国」の統治法に変える。それが公務員改革であり、地方分権の意義。公務員改革と地方分権は、表裏一体の関係にある。

私が理想とする地方分権は〝道州制〟。明治維新では〝廃藩置県〟が行われたけれど、今度は〝廃県置州〟。具体的な姿としては、中央、道州、市町村と三層式。なぜ、この三層式がよいのかというと、それは単純に人口の数。ヨーロッパの小さな国であれば、国が日本の県のような規模だから二層式でいい。でも、日本は人口が1億人以上いるから、アメリカと同じように三層式にしたほうがいい。

ある研究によると、基礎的な行政サービスは人口30～50万くらいでは一層式で十分。でも、人口が1000万人クラスになると、その人数の動向を捉えきれなくなるから、二層式が合理的。さらに、6000万人を超えると、2層でも捉えきれなくなって3層になるというわけ。

これは会社組織の人数が増えると、その指揮命令系統がどんどん階層式になっていくのと同じ原理。1万人も社員がいる大企業だったら、社長一人ですべてをコントロールすることはできない。組織の非効率性というのだけれど、あまり大きくなると、ガバナンスができなくなるから。

国もこれとまったく同じ。人口が大きくなると非効率になるから、行政単位を何層かに分けるしかない。

では、「いまも国、県、市町村の三層式ではないのか」と思う人もいるかもしれないけれど、地方分権というのは、お金と権限を地方が持つこと。つまり、地方主権が本当の意味。だから、もちろん現状は地方分権ではないというわけ。

また、「地方分権をすると経済が成長する」と分権の目的を語る人もいるけれど、ある研究によると、地方分権をしている国と、そうでない国のどちらが経済成長率は高いのかについては、実は良くわかっていない。独裁国家でも、独裁者が有能だと経済をうまく回すこともできる。ということは、その逆の分権が絶対に上手くいくとは限らない。

でも、ひとり当たりのGDPのバラツキがなくなり、平準化されていく傾向は示唆されている。ある自治体のベストプラクティスを、他の自治体が真似するという教育効果があるだろうから、まあ、地方分権をしたほうが行政パフォーマンスの打率が良くなるといったところだろうね。

公務員は、125万に減らせられる⁉

このように地方分権は、経済成長とはあまり関係がないけれど、とっかかりとしては、日本という国のサイズがでかすぎて風通しが悪い。だから、分権したほうがベターく程度の認識でもいい。

風通しが悪いことが良くわかる一例は、民主党政権ができて中止となった八ッ場ダム。国がいきなり「建設途中だけれどやめる」と言ったら、自治体の長らが集まって「やめないでくれ」と国に陳情に行っていた。それで、いつまでもゴチャゴチャと揉めている。

これはどう考えても、効率的とは言えない。要は、中央集権だから、こういうふうに非効率的になる。でも、これが道州制なら1都6県の道州府の長に頼むだけ。なぜ1都6県かというと、八ッ場ダムの利害関係者（水の供給を受ける人）が1都6県だから。そもそも八ッ場ダムみたいな地域インフラは、道州制だったら関東州と東京州がやるということ。国がその地域の要望もよくわからず、利害関係者でもないのにすべてを決めているから、あんなヘンチクリンな事態になる。そもそも北海道や沖縄など、日本の人全員が群馬県の八ッ場ダムに注目する必要は全然ないよね。

このように行政の原則は「ニア・イズ・ザ・ベター」といって、近ければ近いほど効率的になる。これをヨーロッパでは「補完性原則」というのだけれど、国と地方の事業の区別には一定の法則がある。

第一に地方でできるものはすべて地方でやる。まず、市でできることは市でやる。次に市をまたぐような規模の事業は道州がやる。そして、最後に残ったのが国といった

って シンプル。要するに、国は地方ではできないことに絞って行う。これが補完性原則。これだと、市、州、国はそれぞれ違う仕事をやるので、上下関係も出てこないため、対等になる。

そうなると、中央（国）が大きな日本は、まったくの反対。これを本来の姿に戻そうというのが地方分権の意義ということ。

では、地方の業務と国の事業とはなにか？

これについては、実はいたって明確に区別することが可能。まず、国交省、農林水産省、通商産業省などは地方の仕事。厚労省は年金や医療などは制度として全国民にある程度の公平さが必要だから国の仕事だけれど、介護や福祉などは地方の仕事になる。また、文科省はほとんどローカル。教科書検定なんてやっている国は他にないし、ほとんどいらないだろうね。

逆に、国の業務として残るのは、内閣府、財務省、法務省、警察庁、防衛省、あとは厚労省と総務省の一部くらいしかない。

こうして、現在の1府11省体制から1府6省体制へと大幅にスリム化されて、国は小さな政府に生まれ変わる。そして、永田町（国会）もスリム化される。半分以上の国の業務が道州府に移管されるのだから、いまのように衆参合わせて約７００人の国会議員はいらなくなる。参議院はたぶん廃止。衆議院も大幅人員減。代わりに各道州府に国会のような議会が設けられる。

このような壮大な国の改革を行うと、（次ページの図表⑤・⑥参照）のように、国と地方の予算規模は、消費税を地方へ譲渡するなどの税源移譲と国債から地方債への振り替えによって、現在の国と地方の予算規模80兆円・80兆円が、55兆円・90兆円程度になる。つまり、国と地方合わせて15兆円も減らすことができる。

また、公務員数は現在、国30万人、都道府県35万人、市町村１０５万人が、道州制によって、国10万人、道州15万人、基礎自治体20万人と、合わせて１２５万人も一気にスリム化することが可能になる。こうして、公務員の人件費という巨額の国民負担がかなり軽減する。

これが私の考えた国家改革のグランドデザインだけれど、これは緻密な計算の上に成り立っていて、たとえば、いま年金や福祉財源に消費税を当てるという考え方が優

図表⑤　これまでの国・地方と新しい国・地方（道州）の比較イメージ（自民党国家戦略本部政治体制改革PT試算）

国	従来	新しい姿
■歳入		
国税収	五〇兆円	三五兆円
国債等	三〇兆円	二〇兆円
■歳出		
社会保障	二〇兆円	二〇兆円
その他一般歳出	二五兆円	一〇兆円
交付税	一五兆円	五兆円
国債費	二〇兆円	二〇兆円
国　歳入・歳出計	八〇兆円	五五兆円
地方（道州）	従来	新しい姿
■歳入		
地方税収	四〇兆円	六〇兆円
交付税	一五兆円	五兆円
国庫税	一〇兆円	五兆円
地方債等	一五兆円	二〇兆円
■歳出		
一般行政・給与	五〇兆円	五五兆円
公共投資	一五兆円	二〇兆円
地方債資	一五兆円	一五兆円
地方　歳入・歳出計	八〇兆円	九〇兆円

出典：『恐慌は日本の大チャンス』（高橋洋一著・講談社刊）

図表⑥　道州制導入による国と地方の公務員数の変化

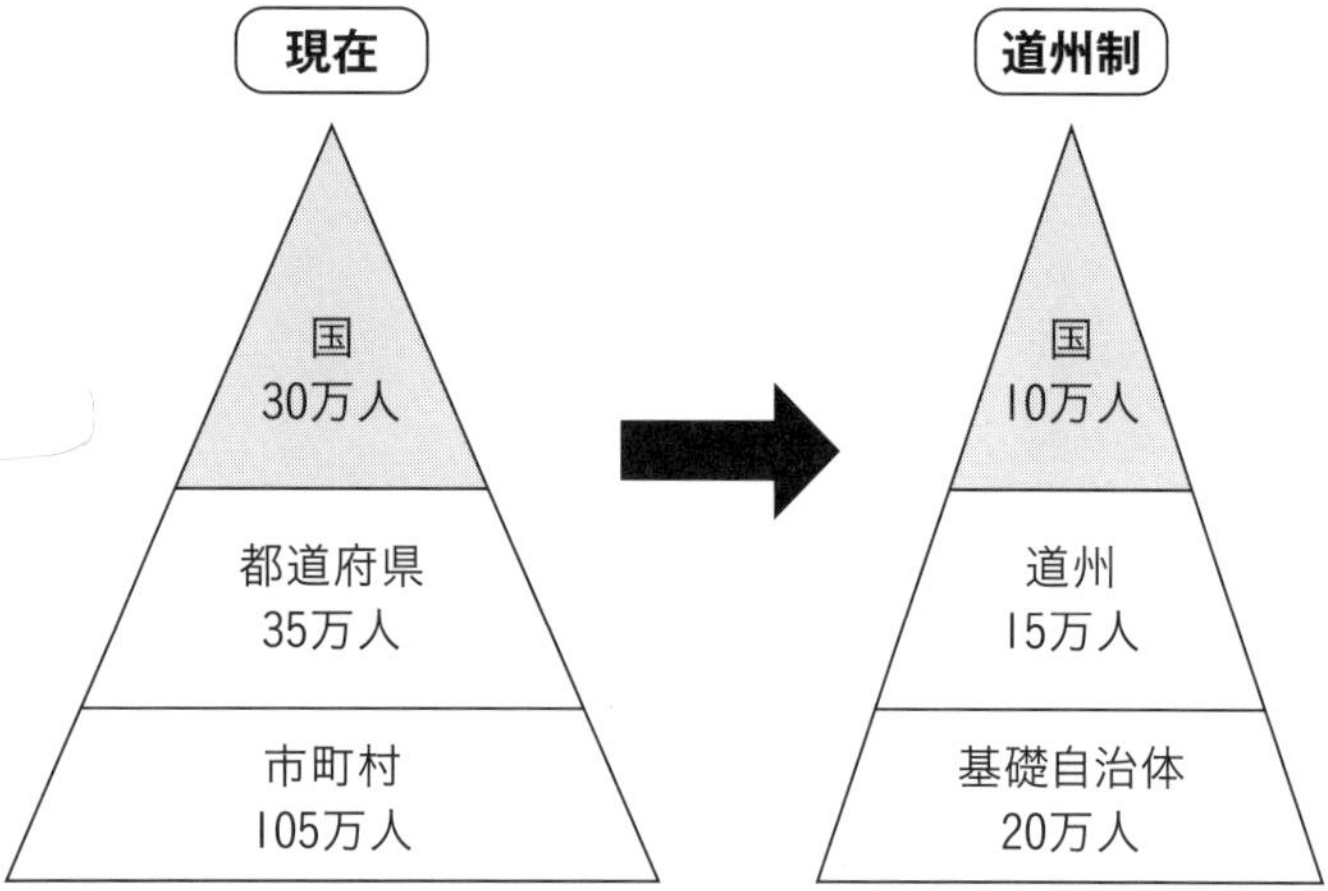

出典：『恐慌は日本の大チャンス』（高橋洋一著・講談社刊）

勢だけれど、それでは本当の地方分権はできないと思う。少なくとも私のデザインでは、消費税は税源移譲して地方に譲らないと地方主権にならなくなる。これはとても重要なことなので、次で詳しく考察してみよう。

消費税アップは、地方分権阻止が目的

地方分権をすると、国、州、市町村の役割に応じて、適切な財源が必要になる。でも、現状の税体系ではもちろん対応できない。

そこで税目ごとに、国税と道州税に分けて、国から地方に税源を移譲する。この税源を移譲するというのが地方分権のポイント。まず国税は、その原則の応能税（所得税、法人税、相続税のように負担する力がある人がその力に応じて納める税）で構成する。応能税は、地域差や景気に左右されるから、国税がふさわしいというわけ。

次に道州税は、その原則である応益税（行政サービスを受ける人に対してその恩恵に応じて収める税）で構成する。そして、基幹的税として消費税を当てる（移譲する）。消費税は、景気動向に左右されにくいし、安定的に税収が見込まれるから、応

益税にふさわしいというわけ。そもそも国税から地方税への税源移譲を考えると、消費税しかもっていきようがないというのが現実。

だから、「消費税は税源移譲しない」というと、それは「地方への税源移譲はしない」ということと、ほとんど等しいことになる。

また、「消費税は福祉（年金）目的税にする」という話もあるけれど、これは「消費税は税源移譲しない」という言い方の裏返しになっている。だから、「年金は大切ですから財源が必要です。そこで消費税は年金目的税にして上げるしかありません」と言われて、みんな騙されてしまう……。

ハッキリ言って、福祉目的にして消費税をアップするというのは、「美味しい財源を地方に渡したくない」という財務省の深慮遠謀なわけ。これを国民もマスコミも、いま現在まで見抜けていない。

多くの世論調査では、「年金のために消費税アップは仕方ない」と出ている。これは「地方分権はしません」というのが真の意味。さらに年金制度は破綻することはないわけだから、〝年金のため〟と〝消費税アップ〟で国民は財務省に二度騙されているということになる。

今後は、給付付き税額控除（３章参照）を導入するため、あるいは財政赤字解消のために消費税アップという話も出てくるかもしれない。だけど、その話に乗ってしまったら、税源移譲はできず、地方分権はあきらめざるをえなくなる。

だから、私は給付付き税額控除の財源として絶対に消費税とは言わないで、累進所得税と相続税の税率アップで賄うと説明しているわけ。そうすれば、地方分権も給付付き税額控除（セーフティネット）も両方とも実現が可能になる。

そもそもセーフティネットのための財源は、消費税よりも、所得税と相続税のほうが所得再分配のための税だから理に適っている。社会保障（セーフティネット）を満足させるための解が給付付き税額控除制度の導入だけれど、その財源は所得税と相続税の累進税率の強化で賄う。なぜなら、所得再分配というのは地方ではできないから国の仕事となるため。地方で所得の再配分をすると、累進課税の高い地方からお金持ちが逃げてしまう。だから地方にはできない。

一方で、消費税を地方に税源移譲できれば、国の予算が足りないからと造りかけのダムを中止したりしてゴチャゴチャになるということもなくなる。だから、消費税を税源移譲するしかないということ。

税源移譲による、メリットとは

いま地方自治体には事実上課税自主権がない。不思議だけれど、地方議会の本来の仕事は地方税をどのくらい住民に課すかというもの。でも、いまの地方議会はそんなことはしないで、視察、視察で、税金のムダ使いと批判されている。

これは一面正しい。「代表なくして課税なし」という有名な言葉があるけれど、税金を扱わない議会って、いったいどんな意味があるのか。地方税法という、本来、地方の条例でいいものを国の法律にしている。これでは、現状、地方主権なんてブラックジョークのようなもの。

けれど、消費税を財源に地方に課税自主権を与えれば、地方自治体は責任をもって住民のためのサービスを真剣に考えるようになる。

そもそも自治体が徴収した税をどのように使うかは、民主主義の基本。だから、消費税に限らず、自治体や州政府がどんな税をどのくらい取るかを自由に決めればいい。

いまの日本は中央集権で、どんな税をいくら取るかは、みんな国が決めている。だから、自治体や県が「お金がなくて困った！」となると、地方の役人がぞろぞろ霞が関や国会議員のもとに陳情にいくことになるのだけれど、そんなのバカらしいよね。

このように地方に課税自主権があったほうがいいに決まっているのに、ではなぜ消費税を地方財源に移譲できないのか？

それは、財務省の官僚が自分たちの支配下に消費税を置いておきたいからに違いないと私は思う。

現状、財務省がほとんどの税をもっているわけだから、国のお金が欲しい人は、財務省に頼みに行く。でも、これこそが良くないというわけ。

ある自治体の首長さんが橋を架けたいと思ったとき、自分の自治体にお金がなかったら、お金を持っている人に頼みにいくのは、人間の性だから仕方ない。

でも、もしここで税源を移譲して、消費税を地方税にしたらどうなるかというと、お金を持っているのは自治体しかないわけだから、ではお金がなかったらだれに頼もうとするか？　そうなると、住民に頼むしかない。つまり、「住民のみなさん、ここに新しい橋を架けたいのですが、その費用として地方税をこれだけ上げてもいいですか」と。

その判断が地方の選挙で、合理的（民主的）に決まる。どこかの中央官庁に陳情に行くよりも、このほうがずっと健全だよね。

ある意味、いまの首長さんはラク。なにか事業をやるときは財務省や補助金をもっている中央省庁に頼みに行けばいいだけだし、選挙のときに事業の財源（増税）について説明して理解してもらう必要もない。住民から要望があったら、「中央に掛け合ったけどダメでした」でおしまい。

これでは、首長さんは、東京に足繁く通える人ならだれでもいいことになってしまう。でも、税源移譲されて自治体に課税自主権があったら、住民は真剣に首長さんを選ぶようになる。

いまだと、地方にダムを造る場合、首長さんは財務省と国交省に頼みにいく。すると、住民は「どうせ財務省と国交省が決めるんだから自分たちには関係ない」と思ってしまう。

でも、もし八ッ場ダム建設の財源が地方にあったら、どうなっていたかというと、まず造る計画段階で「これだけのダムを造りますから、これだけのお金（税金）を取ります」と説明する。それで住民が了承したら造ればいい。また、やめるときも、やめるかどうかを住民投票や選挙で、決をとればいいだけ。このほうが透明でわかりやすくなる。

財務省が、財源を手放さないワケ

このように、地方が財源を持って主体的に事業を行なうのが世界標準。でも、なぜ日本では地方のダムの建設や中止などを国交省が決めているのか、本当に疑問。八ッ場ダムの受益者と国交省は何も関係がないはずなのに……。

もっとも、日本の官僚機構をよく知らない人だったら、「中央が地方の工事まで管理するのは、そのほうが効率よくうまくいくから」と思うのかもしれない。でも、実際の理由はぜんぜん違う。

実は中央が地方の事業を管理する理由は、地方の陳情を受け入れる代わりに、自分たちの〝お願い〟を頼むことができるから。この構図は企業（自治体）と顧客（中央）に当てはめると、わかりやすくなる。大口顧客が企業に、「今月もこれだけ購入しますから、ちょっとキックバックをお願いします」と頼む。

そうしたら、企業は立場が弱いから、まず受け入れてしまうはず。いったん受け入れると、顧客のお願いは徐々にエスカレートし始める。

「いや〜、うちの息子が就職決まらなくてね。そこで、お宅の会社に入れてもらえませんかねぇ」（笑）。

地方と中央には、実はこのような関係がある。要するに、お金を持っている人には、だれも抵抗ができない、だから、中央、特に財務省は税金を手放そうとしない。

民間企業は自分たちで稼いだお金でやっているから、こういった構図があるのは仕方ないけれど、役人の世界は税金でやっているから、けしからんという話。この事情があるから、財務省は消費税を地方自治体に絶対に移譲したくないということ。

整備局は、地方の神様!?

いまの国家公務員は、事務職だけでも約20万人もいる。20万人と言われると、かなり多いと思えるけれど、実はそのうちの半分、10万人くらいは地方で働いている。

具体的に言うと、国交省の整備局というところには、多くの地方の出先機関がある。群馬県の八ッ場ダムでいうと、管轄は関東地方整備局。

この関東地方整備局はどこにあるかというと、埼玉県の大宮（さいたま市）。ここに６０００～７０００人の職員が所属していて、仕事は関東地方にダムやその他のインフラを造ること。もちろんみんな大宮にいるのではなくて、各地方の事務所で働いている。完全にそれぞれの地方で働いているけれど、身分は国家公務員。

だから、群馬の出先機関にいても、〝我々は天下の国家公務員でござる〟ということで、群馬県知事や自治体の首長の指揮命令下にはない。指揮命令下にはないけれど、地方で行われる公共事業の予算（お金）はたっぷりある。

要するに、地方にいて、中央からの監督はなく、しかも地元（地方）からの監督もなく、お金はたっぷりという状況。だから、地方支分局はパラダイス（楽園）でやりたい放題になっている。

そういう人たちが全国にいっぱいダムを造っているから、いろいろ問題が起きるのは当然のこと。地方では役所はカスカスなのに、整備局の人はお金をいっぱい持っている。地元の業者から見ると、整備局の人はまさに神様のように見える。だから、接待三昧になる。なぜこうなるかというと、繰り返すけどお金をいっぱい持っていて、監督する人がいないから。

もしこれが群馬県の職員だったら、「役所の人が頻繁に業者に接待されているぞ、贈収賄ではないか」とすぐにバレてしまう。だから、「やめておけ」となる。部下が過剰接待されていたら、上司や、ヘタをしたら知事のクビが飛ぶから、しっかりチェックする。でも、整備局の国家公務員だったら、1~2年ですぐに転勤になるからなかなかバレない。

現状、地方の役所にはお金がない。そこで、いままで国が集めていた税金を、地方税という形で地方が直接取り、ダムを造れば一番いい。いまは、国が税金を吸い上げて、それを国交省に回して、国交省は地方整備局に回して、国家公務員がダムを造る。すると、地元の人は一切関係ないから、「あれは国の人が国税で勝手に造っているだけで、我々には関係ない」、「接待やっていても、あれは国税だからどうでもいい」と思ってしまう。それで、知事さんもなにも口を挟まない。

これが地方税になったら、より地元民の監視が効くようになる。国税だとタダに思えるけれど、住民税や自治体が取る消費税だったら、住民はその使われ方に敏感に反応するようになる。これが税源移譲の本当の意義。

八ッ場ダムが、もし税源移譲されていたら、当初、住民は大反対だったから、最初から造られることもなかったということだね。

これが、まさに「ニア・イズ・ザ・ベター」。近くにいる人が決めたほうがムダは起こりにくい。当たり前のことだけれど、だから地方分権がいいというわけ。

地方分権は公務員改革とセット。両方とも一緒にやっていくしかないのだけれど、国の地方の出先機関を地方の役所の所管にするとなると、人の移動だけでなく、税源の移譲もやらないと、なにもできないからセットということになる。

民主党に地方分権は、できるのか？

こういった地方分権の大きなデザインを描くことが、まさに政治家（国会議員）の役割。でも、残念ながらいまの民主党政権には、この地方分権に真面目に取り組もうという気はなさそうに見える。

口では「やる」と言っているけれど、ではどういうアクションが出るかを見ていると、なにもやっていないのが現状。繰り返すけれど、財務省の策略によって、消費税アップに社会保障目的が乗ったら、税源移譲が不可能になるから、政治家がいくら地方分権が必要だと思っても、事実上不可能になってしまう。このままだと、財務省の策略が成就したあとに、「しまった！」と思うことになるだろうね。

そもそも民主党は、「最低保障年金を消費税でつくる」という年金改革プランを持っているので、消費税を税源移譲できない。そうなったら、本格的な地方分権は無理ということ。

それと、さらに重要なのは、民主党は基本的には、二層構造の地方分権をマニフェストで言っていること。二層構造というのは、基礎的自治体（市）と国の「二層」。道州制は、基礎的自治体（市）、道州（広域）、国の三層構造だけど、二層構造だと、道州がないわけ。となると、道州が担うべきインフラ整備、産業政策などは相変わらず国が行うことになってしまう。言い換えれば、国交相、経産省、農水省の地方支分局である地方整備局、地方経済産業局、地方農政局が残ってしまう。

ここで、わからなくなるのが、民主党は地方支分局を廃止と言っていること。民主党の支持団体として公務員労組があるので、公務員のクビは切らないだろうから、地方支分局の国家公務員は地方公務員に変わると思うけれど、となると、県の公務員がすごく大きくなって、今度は、二層構造化がやりにくくなってしまう。

いずれにしても、民主党はあまりきちんと考えていないというのが、バレバレなんだよね。

このように、国の制度というのは方程式のようなもの。ちゃんと計算をして当てはめていけば矛盾は出ない。でも、みんな（マスコミも政治家も官僚も経済学者も）一部分しか見てないから、全体ではいろいろと矛盾が出てくる。

政治家に、この道州制のグランドデザインを示すと、理解はしてくれる。でも、すでに「消費税は年金目的にしてアップする」などと説明してしまっているから、過去の発言にとらわれて実際に動くことができない。もし、変更すると言ったら変節したと言われるから。これは政治家のセンスだから仕方がないけれど。

政治家は言葉の商売だから、発言を変えると、「信用できない」と支持率が落ちてしまう。本来は朝令暮改も是々非々だけれど、そこは政治家という商売のつらいところ。高速道路無料というマニフェストも、明らかに間違ったとわかっても、変節はできないから、とりあえず実験と言って予算をつぎ込むしかない。政治家は偉くなればなるほど、前言は翻せないものだから。

そう考えると、政治家になったばかりで、まだしがらみがない小泉進次郎さんあたりが将来総理大臣になったら、この地方分権の国家改革デザインを実行することは可能だね。私としては、「この地方分権のデザインを見て、だれか総理大臣になってやってください」としか言えない。

でも、本来は国会議員が議員になる段階で、いかに優れた国家デザインを持っているか。それが政治家の鼎《かなえ》の軽重《けいちょう》が問われるところのはずなんだけれど、いまの政治家のほとんどは、みんな財務省やその他の官僚の戦略に乗ってしまっている。その理由は、政治家自身に思慮が足りない面もあるだろうし、また政策のプロフェッショナルを付けないことも原因。

ともかく、政治家は最初に気安く発言してはいけないのだけれど、国民もまたそういう人を気安く選んでしまう。だから、なかなか政治がうまくは変わらない。

国に求められるのは、ひとえにマクロ政策

地方分権は、経済成長と相関する話ではないけれど、日本くらい人口が大きな国は、今後分権なくして長く回すのはかなり難しくなる。

実は分権したあとに、国が行うべき政策というのは、経済関係でいえば、マクロ経済政策だけ。現状では、経済産業省が産業政策、国交省が航空政策など、マクロ政策、産業政策、航空政策といろいろやっている。だから、マクロ経済政策に真剣に注力できない。それがこの国の経済を悪くしている遠因でもある。

でも、地方分権をすれば、産業政策も航空政策も地方の事業になる（やらないという産業政策もありとして）。こうして、国が行うべき政策はマクロ経済政策に限定してしまったほうが国益に適うというわけ。

現状では政治家が経済対策としてやりたがるのは、「輸出産業の振興がどうのこうの」などという、ミクロな話ばっかり。みんな勘違いしているようだけれど、輸出産業が振興した程度では、いまの大きな需給ギャップの全部は埋まらない。

なぜ埋まらないかというと、輸出産業というのは、日本の５００兆円のＧＤＰのう

ち、実は80兆円くらいしか占めていないから。日本は輸出立国などという誤解があるようだけれど、実際は内需が非常に大きな国なんだよね。

経済評論家も、「輸出産業が回復すれば日本経済はぐんぐん成長する」みたいに言うけれど、輸出産業の収益がすぐに1・5倍くらいに伸びないと、需給ギャップは埋まらないから、ありえない話。

だから、輸出産業の貢献なんて、実はたいした話ではない。日本は貿易立国と言う人もいるけれど、数字で見ると明らかに内需立国。輸出は80兆円だけど、輸入分で60兆円が取られて、GDPへの貢献は20兆円分だけ。つまり、外需部門は5％だけで、残りの95％は内需部門。大手メーカーといっても、海外で売っているのは自動車などに限られているのが実態。ただし、輸出企業は日本の超優良企業がなっているのも事実だから、外需も重要なのは否定できないのも事実だけれど。

だから、内需をどうにかするのが第一歩になる。それをやるのが財政と金融のマクロ経済政策というわけ。政府は昨年末に二次補正予算を組んで景気対策をやったけれど、その金額は一桁足りないというお粗末なことになっている。もちろん、外需によって需給ギャップが少なくなることも大歓迎。

でも、地方分権ができれば、国の政策はマクロ経済政策だけになるから、少なくとも国がマクロ経済政策に無知という、いまの最悪の状況はなくなるだろうね。

日本的産業政策は、もはや過去の遺物!!

昨年末、大掃除をしていたら、『Economics Today summer 1988』という学術的な季刊誌の中にあった論考が出てきた。

筆者は私。今から20年以上昔の自分を見ているようで懐かしい。この論考は、政府の白書などでも取り上げられて多少話題になったと記憶しているけれど、当時の産業構造改善政策について、いろいろな産業のデータを定量的に分析して、もはや意味がないと断定している。

当時も役人が実名で論考を書くのは、はばかられたけど、結論は「産業政策は意味ない」。もちろん、この意見は今でも変わらない。

昨年12月30日、民主党政権がやっと「新成長戦略」（名目で年平均3％、実質2％の経済成長を実現するというもの）を公表。正月の某テレビ番組で、自民党のある政治家は、「民主党の成長戦略は自民党のものと内容が同じである」と茶化していた。元ネタは経産省の役人からだから、民主党も自民党も内容は、似たり寄ったりになるはず。

ポイントは、具体的な成長産業をターゲットに掲げ、その産業に各種の助成措置を行う「日本的産業政策」。今回の民主党の成長戦略では、環境、エネルギー、健康、観光などが成長産業としてターゲットになっているけれど、そもそも官僚に依存した政策では、民主党の脱官僚依存の看板が泣く。

なぜ民主党も自民党も、かくも政治家は成長戦略が好きなのか――。簡単な成長戦略があれば、世界中で貧困問題はとっくに解決しているはず。つまり、成長戦略は容易に解が見つけられない難問ゆえに、政治家が国民に夢を与えられるからというわけ。

そこに官僚が産業政策という名目で付け入り、政治家のほうにも選挙対策として個別産業・企業とパイプを持ちたいという心境がちらちらと見えすぎている。

成長産業を見い出すという産業政策は、日本独特のモノ。そんなに良ければ、とっくに世界中で流行しているはず。もちろん、環境、医療などの分野で、国の環境政策、医療政策までを否定はしないけれど。

でも、もう国を挙げての産業育成という時代ではないのかもしれない。実際、国がある特定産業をターゲットにすると、結果として産業がダメになるというネガティブな話が多いのも事実。

日本の戦後成長の歴史を見ても、通産省（現経産省）がターゲットにした産業は、石油産業、航空機、宇宙産業など、ことごとく失敗。逆に、通産省の産業政策に従わなかった自動車産業などは、世界との競争の荒波にもまれながら、日本のリーディング産業に成長した。

竹内弘高教授（一橋大学）の研究でも、日本の20の成功産業について政府の役割は皆無だったようだ。要するに、国に産業の将来を見極める眼力があればいいけれども、現実にはそんな魔法はない。必要なのは、国による選別ではなく、過酷なようだけれど、国際競争にもまれること。

それでは、政府は一切関与できないかというと、そうでもない。

たとえば、競争政策や規制緩和は大いにけっこう。それに知的所有権などの法整備もいい。

最近、新型インフルエンザの騒動でわかったことは、ワクチンの副作用について、日本で訴訟リスクが大きいこと。

諸外国では、無過失補償といって、故意でなければメーカーに責任はなく公的補償で対応するのがふつう。

未知の分野について個別企業に過度なリスクを負わせたら、社会的に適正な生産もできなくなるから、こういった分野での法整備は必要。

だけど、特定産業に対する産業政策は不必要。冒頭に掲げた論考を書いた20年前、産業政策の議論のときに、産業政策の正当性を主張する役人に対して、私は「どうしても産業政策をやりたいなら自らがプレーヤーとなって行えばいい」と言ったことがある。そのときの彼らの反応から、産業政策は役人の失業対策になっても、国民のための政策ではないと確信したね。

でも、地方政府（自治体）が、自らプレーヤーとなって特定地域・特定産業の産業政策を行うのは、地域主権の観点からギリギリありえるかもしれない。

民主党は、地方分権も脱官僚依存も主張している。そうであれば、国で産業政策をするという発想はやめて、必要なら、国の役所が主導するのでなく、地方へ国の役所を移管して行うとか、あるいは国の役人を辞めて、天下りではなく民間創業者として頑張れ、と言ってはどうだろうか。こうして、国による産業政策をやめれば、地方分権と官僚依存脱却へ近づくだろう。

国で産業政策を行なえば、また天下り団体がたくさん作られるのが関の山なんだから。

高橋洋一（たかはし・よういち）

1965年、東京生まれ。東京大学理学部数学科・経済学部経済学科卒業。
博士（政策研究）。1980年、大蔵省入省。理財局資金企画室長、
米プリンストン大学客員研究員、国土交通省国土計画局特別調整課長、
内閣府参事官（経済財政諮問会議特命室）などを歴任。
財務省が隠す「埋蔵金」を暴露し、一躍、脚光を浴びる。現在、政策工房を創立。
主な著書に『財投改革の経済学』（東洋経済新報社刊）、
『さらば財務省！』『恐慌は日本の大チャンス』（ともに講談社刊）などがある。

日本経済「ひとり負け！」

2010年3月5日　初版第１刷発行

著　者　高橋洋一
発行者　栗原幹夫
発行所　ＫＫベストセラーズ
〒１７０－８４５７　東京都豊島区南大塚二丁目二十九番七号
電話　０３－５９７６－９１２１（代表）
振替　００１８０－６－１０３０８３
http://www.kk-bestsellers.com/
印刷所　近代美術
製本所　ナショナル製本
ＤＴＰ　オノ・エーワン

ISBN 978-4-584-13221-0 C0095

定価はカバーに表示してあります。